■教育学学科建设资金资助出版

■贵州省高校人文社会科学研究项目资助，2024RW151，
　中华优秀传统文化的创造性转化与创新性发展研究

中国传统文化视域下
以儿童为中心的玩教具制作
与环境创设探究

杨　爽　著

吉林出版集团股份有限公司
全国百佳图书出版单位

图书在版编目（CIP）数据

中国传统文化视域下以儿童为中心的玩教具制作与环境创设探究 / 杨爽著. -- 长春：吉林出版集团股份有限公司, 2024.8. -- ISBN 978-7-5731-5381-4

Ⅰ. G614

中国国家版本馆CIP数据核字第20242WY041号

ZHONGGUO CHUANTONG WENHUA SHIYU XIA YI ERTONG WEI ZHONGXIN DE WAN-JIAOJU ZHIZUO

中国传统文化视域下以儿童为中心的玩教具制作

YU HUANJING CHUANGSHE TANJIU

与环境创设探究

著　者	杨　爽	
责任编辑	于　欢	
装帧设计	张红霞	

出　　版　吉林出版集团股份有限公司
发　　行　吉林出版集团社科图书有限公司
地　　址　吉林省长春市南关区福祉大路5788号　邮编：130118
印　　刷　唐山富达印务有限公司
电　　话　0431-81629711（总编办）
抖音号　吉林出版集团社科图书有限公司　37009026326

开　　本　710 mm×1000 mm　1 / 16
印　　张　13.5
字　　数　220千字
版　　次　2024年8月第1版
印　　次　2024年8月第1次印刷

书　　号　ISBN 978-7-5731-5381-4
定　　价　58.00元

如有印装质量问题，请与市场营销中心联系调换。0431-81629729

序

爱，如同不息的流水，在世代间传递，上一代无声地给予下一代，下一代又悄然回馈给上一代，尽管他们或许未曾意识到这份爱的流转。爱，也在师生间传递，老师默默赠予学生知识的甘霖，学生则在成长中反馈给老师无尽的感激与敬意，尽管他们或许并不理解这份深沉的爱。然而，爱却如此真实而恒久，它在时间的长河中流淌、循环、往复，随着岁月的脚步而不断更迭。正是在这样的爱的推动下，亘古绵长的中华传统文化才得以历久弥新，绽放出愈发璀璨的光芒。这份爱，如同春风化雨，润物无声，却又力量无穷，让文化的根脉在中华大地上生生不息，历久弥坚。

我深深着迷于帕克·帕尔默在《教学勇气：漫步教师心灵》中的绝妙比喻，他将师生之间的关系描绘成舞池中和谐共舞的舞伴。幸运的是，我在教育生涯中遇到了许多与我配合默契的"舞伴"，他们让我感受到了教学的魅力与喜悦。在我并不长的执教岁月里，《幼儿园玩教具制作与环境创设》这门课程无疑是我心中的最佳舞池。在这个舞台上，我热衷于设计各种惊喜，它们如同璀璨的烟火，点亮了课堂的每一个角落，也点亮了学生们的眼睛。每当这些惊喜环节呈现在他们面前时，他们的惊叹声总是此起彼伏，如同美妙的交响乐，让我乐在其中，由此我也赢得了他们的信任和喜爱。在教授这门课程的过程中，我收获了前所未有的幸福感和成就感。每一次看到学生们兴奋的脸庞，每一次听到他们由衷的赞美，我都感到无比的满足和喜悦。这份喜悦源于我与学生们的默契配合，源于我们共同创造的和谐舞池。在这里，我们一同旋转、跳跃，享受着教学的乐趣，也感受着成长的喜悦。

在日复一日的舞蹈中，那些原本平凡无奇的材料、那些常见的玩具、那些承载着深厚历史底蕴的传统技艺，逐渐在我心中焕发出勃勃生机。剪纸的灵动、陶塑的质朴、布贴的温馨……它们如清泉般自然流淌，滋润着我的心田。我热爱动手，喜欢操作，每当沉浸其中，童年的美好记忆便如潮水般涌来，让我再次感受到那份纯真与快乐。尤其是成为母亲后的这几年，我与孩子一同制作玩具、布置环境，仿佛重返童年时光。我们一同摆弄、嬉闹、玩耍，那些欢声笑语、那些亲密无间的互动，让我深刻体验到与孩子共同成长的喜悦。在这个过程中，我不仅成了孩子的引导者，更成了他们的玩伴和朋友，一同探索、发现、创造属于我们的美好世界。

无数个漫漫长夜，我反复推敲、重构本书的框架，这个过程虽然充满艰辛，但给予我更为深刻的思考空间。作为儿童利益的捍卫者，无论是家长、幼儿教师，还是社会工作者，我们所追求的远非掌握表面上的技能和方法，我们渴望的是能够真心实意地尊重每一种材料，充满热情地去学习每一项技巧，进而通过这些技巧窥见并沉醉于中国传统文化那独一无二的魅力。带着这份深沉的热爱，我投身于制作与设计的世界，体验那美妙的心流，感受那份由内而外的文化自信。这种自信是最能打动人心的力量。因此，我试图将这些材料梳理得当，将这些并不成熟的体悟分享给更多的人。

我衷心祈愿，每一个孩子都能被看见，他们的纯真与梦想都能得到珍视；每一种优秀的文化都能被看见，它们的智慧与价值都能得到传承。让我们共同努力，为孩子们创造一个更加美好的未来，让文化的光芒照亮他们的成长之路。

安顺学院　杨爽

2023年12月

目 录

第一篇　中国传统文化视域下玩教具制作与环境创设概述

第一章　中国传统文化视域下玩教具概述

回想一下，自己人生中第一件玩具是什么呢？最喜欢的玩具又是哪个呢？你和你的玩具有哪些宝贵的记忆和令人啼笑皆非的故事呢？

生活在物质并不丰富的20世纪80年代的农村，很多同龄人关于玩具的记忆可能是泥沙，可能是玻璃弹珠，而我却幸运地拥有三个独一无二的布娃娃。我的外婆是位心灵手巧的裁缝，我儿时的衣服多半是出自外婆之手。去集市上转一圈，汲取足够的灵感，再扯几尺花布，伴随着吱吱呀呀的缝纫机踩动的声音，漂亮的衣服便如变魔法一样地出现了。现在想来，我如此痴迷地把玩各种材料，制作各种小玩意，应追本溯源到儿童时代外婆对我的影响。裁缝的家里，最不缺的就是碎布头、下脚料。外婆为了满足我拥有布娃娃的心愿，吱吱呀呀地踩着缝纫机忙碌了几个晚上，做了三个形态不一的布娃娃。但它们都拥有黑扣子做的眼睛、红线缝成的嘴巴，一看就是"三姐妹"。最特别的是里面塞了足足的珍珠棉，软软绵绵的，抱起来比隔壁小朋友家的塑料洋娃娃舒服太多了。我开心地给它们起了名字：蓝珠、明珠和宝珠。每天的日常就是照顾三个宝贝起床、吃饭、玩耍，不亦乐乎。最棒的是，因为它们是棉质的，所以很方便我给它们设计衣服。看到心仪的碎布头，便可以穿针引线，直接缝制在它们的身体上。当然，还要警惕哥哥们的恶作剧。他俩喜欢把我的宝贝们藏起来，让我急得团团转，还会给我的宝贝们起外号：懒猪、明猪和饱猪，并且喊我"猪妈妈"。我总是不免号啕大哭地去找大人告状，他俩便会灰头土脸地得到一顿臭骂，然后在心里暗暗盘算，下次该如何捉弄这个笨妹妹。童年总在这样的循环中，东躲西藏、你追我赶。陷入无聊时，哥哥们便捉弄我，我被气哭，大人们收拾他俩，他俩谋划下次的行动……当然，别的小朋友是万万不能欺负我的。有好吃的东西，哥哥们绝对不会忘记我；出门玩，也总是会反复确认我没有掉队，而我总是确认我的娃娃们没有掉队……我全程微笑地敲打下刚刚的文字，那三个软软糯糯的娃娃、捉弄我又照顾我的哥哥、忙碌着却又很疼爱我的长辈，构成了我儿时最温暖的回忆。外婆家厚厚的灰色海带屋顶、外公亲手油漆的浅蓝色门窗和银色暖气、屋内粗糙的暗红色地砖和娃娃身上各色的碎布条，便是我童年的底色。那样遥远而又真实的存在，在泛黄的记忆滤镜下，依然熠熠生辉，依然温暖如故。

感谢在我幼时陪伴我的长辈，他们信手拈来让我打发时间的技艺——布贴、剪纸、面塑、陶塑……这些在传统文化中占有重要地位的技艺，就这样自然而然地深植于我的童年、我的生命和我的血液之中。深藏在这些技艺深处的文化、审美及劳动人民的智慧，在若干年之后，在我心中欢快地流淌。

第一节 玩教具的概念与特点

一、玩具、教具及玩教具制作的概念

（一）玩具

玩具是儿童玩耍的物件、器具，同时也是儿童学习的主要媒介。儿童认识世界的主要途径就是对玩具的操作、摆弄，这也是幼儿重要的学习方式之一。在幼儿眼中，玩具就是可以把玩的器物，可以让他得到愉悦感的材料，这往往和大人眼中的玩具不尽相同。锅碗瓢盆在大人眼中是生活用品，但在大多数孩子眼中却是极其好玩的玩具。一个大盆、几个小碗，辅之以水或豆子、大米之类，孩子们便可以开心地玩上好长一段时间。在这个时候，大人眼中毫无趣味性的器具，真真实实地充当了玩具的角色。或者我们可以直白地讲，这就是孩子眼中的玩具，好玩，让人乐此不疲。

（二）教具

相比之下，提到教具，我们则笃定得多。教具就是提供教育功能的器具，一般是指教学中使用的，用以讲解、说明、展示的模型、工具等，包括投影仪、黑板等辅助用具。

（三）玩教具

前文提到，儿童认识世界的主要途径就是对玩具的操作、摆弄。为了达到教育目的，学前阶段的教具往往兼具了趣味性，因为只有这样，才能吸引幼儿操作，达到教育的目的。所以，在某种程度上，由于学前教育阶段幼儿学习方式的特殊性，淡化和模糊了玩具与教具的区别，我们往往将这些材料统称为玩教具或教玩具。换言之，玩教具就是兼具了玩耍功能和教育功能的材料或器具。需要指出的是，在本书中，玩教具特指学前教育阶段的玩教具。

（四）玩教具制作

玩教具制作，即制作玩教具，按照制作方式的不同，主要分成两种：一种是机械化批量生产制作的成品玩教具，另一种是手工制作的玩教具。一般由成人为幼儿制作玩教具，或与幼儿共同制作玩教具。在本书中，我们主要研究的是手工制作的玩教具。

二、传统文化视域下玩教具的特点

（一）趣

陈淳在《北溪字义·志》中说："人常言志趣。趣者趣也，心之所趋也，趣亦志之属。"

玩教具的第一个特性便是趣味性，即好玩。这个"好玩"不因成人的偏好而改变，而是幼儿眼中的好玩；玩教具是基于幼儿经验和兴趣爱好而设计的，能给幼儿带来愉悦，让幼儿爱不释手。

（二）弄

玩教具是否具有可操作性决定了这件玩教具趣味性的多寡。如果玩教具的可操作性强，幼儿便可沉浸其中，那么其愉悦的时间就更长，幼儿就更愿意反复玩耍。相反，如果玩教具的可操作性较差，带给幼儿的愉悦时间就较短，玩教具就很容易被幼儿遗弃。这也是现实生活中家长疑惑的问题——为什么孩子有那么多玩具却不玩，总是想要买新玩具。

（三）教

幼儿学习的最有效方式就是游戏玩耍，而玩教具就是幼儿学习的媒介。幼儿通过操作玩教具，可以获得各方面的经验，促进自身的发展。大多数玩具都有自己独特的教育功能。比如，七巧板可以促进幼儿对空间、图形的认知；球类玩具可以培养幼儿健康的体魄。

（四）安

安全性是玩教具最基本的特点。一提到安全问题，首先进入脑海的，可能是锋利、棱角等词汇。然而，市面上现有的很多玩具，无棱无角，看似安全，实则具有较大的安全隐患，应该引起大家的关注和重视。

触目惊心的不安全玩具

案例1　暗藏危险的巴克球

网红玩具巴克球（图1-1）是一种直径只有5毫米的强磁性金属小圆球，颜色鲜艳、形式多变，吸附在一起能够组合成任意造型，是一款看上去好玩又益智的玩具。然而，对幼儿来讲，则暗藏危险。例如，深圳市有一名幼儿不小心误食了几颗巴克球，滞留肠道的巴克球隔着肠壁和肠系膜相互吸引，引起了肠梗阻。在持续磁力作用下，被压迫的肠管及系膜会逐步缺血、坏死、穿孔，导致感染性休克及严重低钾血症，危及生命。最终经过2个小时的手术和20多天的抗感染治疗，这名幼儿的病情才得以控制。因此，巴克球并不适合低龄儿童玩耍。

图1-1　巴克球　　　　　　图1-2　水精灵

案例2　看似柔软的水精灵

水精灵（图1-2），又名海洋宝宝，与巴克球相同，也是一种五颜六色的球形玩具。它的直径只有2毫米，易被误吞。水精灵是一种吸水性极强的高分子材料，吸水后体积急剧膨胀几十倍，甚至数百倍，酷似透明果冻，触感柔软，弹性十足，深受儿童喜爱，"养"水精灵一度成为流行。但是，看似安全的水精灵如果不慎误食堵塞呼吸道，极有可能导致窒息。如若进入消化道，则可能会造成肠管扩张、肠梗阻。严重时，甚至造成肠坏死、肠穿孔，危及生命。即使没有意外发生，这种玩具的主要材料为一种吸水性树脂，一般是用淀粉混合丙烯腈或丙烯酸酯制成，而这两种材料均有一定毒性。况且，一些不法商家因控制成本，会在制作时添加一些工业色素，因此，水精灵并不是一款适合幼儿玩耍的玩具。

案例3　炫目的史莱姆水晶泥

无独有偶，同样都是触感柔软、弹性十足的史莱姆水晶泥，因其形似果冻，色彩鲜艳，形状千变万化，深受孩子们喜欢。然而，大多数史莱姆水晶泥的原材料均含有一种有毒物质——硼砂。硼砂是化工原料，具有一定的腐蚀性，对人体多种器官都有毒害。不仅如此，硼砂会危害消化道酶，使食欲减退，抑制各种营养素的吸收，造成体重减轻，还会出现呕吐、腹泻、头晕、头痛等急性症状，甚至出现红斑、循环系统障碍、休克、昏迷等症状。此前，相关新闻曾报道，有孩子在玩耍史莱姆水晶泥后，出现了手部、眼部红肿过敏的情况。江苏宿迁一名12岁小学生因误食水晶泥而中毒入院；广州一名8岁女孩和一名1岁男孩，也因误用装过水晶泥材料的杯子喝水而出现呕吐等不适症状。

图1-3　史莱姆水晶泥

第二节　传统民间玩教具概述

一、传统民间玩具的历史

传统民间玩具在漫长的历史发展过程中深受我国吉祥文化的影响，不仅具有玩具的本质属性——娱乐性、趣味性，还有着和当今玩具不同的特点，即祈福性。

在民间，玩具俗称"耍杂"①，专供玩耍娱乐之用。许多民间玩具与民间习俗、日常生活分不开，具体表现在婚丧嫁娶、岁时节令、祈福供品等活动中，人们的物质生活和精神生活得到了有机互补。

我国民间玩具历史源远流长。从唐代开始，民间玩具的形式就已经呈现多样化的局势，除了陶俑，还有面塑、瓷塑、丝帛、扎纸、木雕、彩绘等。宋代的玩具反映了岁时节令的活动现象，比如农历七月七日"磨喝乐"，就是普通人家和皇室贵族的孩子都喜欢的玩具之一。元明两代，民间玩具题材渗入杂剧故事艺术中，技艺水平显著提高，形制日趋精致，其品类更多地涉及了吉祥寓意的范围，并有许多具有产地特点的玩具得以形成。中国民间玩具在清代发展到高峰，其材质丰富、形制精美、题材广泛，超出以往的水平。还有许多技艺，如无锡的"印段镶手"技法、南京的"西洋镜"、苏州

①杨三军.学前儿童玩教具设计与制作［M］.北京：教育科学出版社，2014.

的"影戏洋画"等为清代新创。玩具还表现出地域差异,总体上讲,北方黄河流域的民间玩具风格粗犷、浑厚;南方长江流域广大地区的玩具风格细腻、色彩柔和。民国期间是中国传统玩具发展的黄金时期。其中一个重要原因便是辛亥革命后,旗人贵族没落,由于他们不擅农耕,便纷纷从事玩具制作。众多的庙会也为艺人们提供市场。据统计,辛亥革命后从事玩具生产的厂商有几十家,商品有百余种,所出现的众多民间玩具著名人士,有北京泥人张、面人汤、布人汪、裴禄、"独一斋",等等。抗日战争爆发后,中国陷入内外交困的境地,人们无心玩乐,玩具行业遂日渐凋零,传统玩具走向衰落。

二、民间玩具的种类

(一)塑作民间玩具

民间的塑作类玩具非常丰富,常见材料有泥、面、糖、纸浆、棉浆等(其延展性和可塑性均比较好),经过捏制、模塑、浇制、吹塑、烧制、彩绘等工艺技术制作而成。此类玩具分布极广,因地域的不同而风格各异。

1. 泥塑玩具

泥塑玩具在我国分布广泛,除了取材方便外,它还有丰富的内涵。泥土是人类赖以生存与发展的根本资源。女娲以泥造人的传说,也表明了华夏子孙对于泥土与生命繁衍的探索。由于民间泥塑玩具的创作者多为农民,因此作品具有鲜明的地域特点。较有名的有惠山泥人、泥人张在、凤翔泥塑、浚县泥咕咕、淮阳泥泥狗、高密叫虎,等等。

2. 面塑玩具

面塑玩具是以小麦面粉为主要原料制成的玩具。由于面粉是我国北方地区的主食,因此面塑玩具主要在北方地区流行。面塑起源于民间祭祀活动,人们用面塑动物替代宰杀真牛真羊等动物。(图1-4)

3. 糖塑玩具

糖塑玩具是以红糖和白糖为原料,熬成糖液后做成的各式玩具,如人物、动物及花草等,既可作为儿童玩具,又可作为零食。

糖塑玩具有三种样态,最为常见的一种是糖画,以铜勺代笔,将熬成的糖液倒在平滑的石板上,形成各种造型。很多景区周边都有这样的糖塑艺人。另一种是塑糖人，即用模具将糖液翻制成人物和动物的形象。还有一种是吹糖人，用熬成的糖液吹制成人物、动物等。

图1-4　面鱼

（二）编结民间玩具

制作编结民间玩具用到的主要材料是植物的根、茎、叶，经编结、捆绑、串构等技巧制成，如草编绣球、棕编鱼、麻编小猴等。编结玩具的材料因地而异，南方地区以竹篾、棕叶为主，北方地区以麦秆、秸秆为主。编结玩具的主要制作者是农民，对他们来说，这些材料俯拾皆是，唾手可得。

（三）雕刻民间玩具

制作雕刻民间玩具所用的材料均为硬质，比如金属、木、竹、石、牙、骨等。这些材料经过浇铸、锻打、锯切、砍削、雕琢等工艺制成了玩具，如石猴、石马、竹节龙、木头刀枪等。这些玩具由于质地坚硬，不容易损坏，可玩的时间较长。

（四）缝制民间玩具

缝制民间玩具的主要材料为棉布、绸缎等，这些材料经过缝制、刺绣、剪贴、包填、扎系等工艺制作成了缝制民间玩具，如布老虎、香包、绣球等。缝制玩具不仅具有趣味性，还有其他功能。比如，布老虎有健康、强壮的寓意；香包里面填充的中药和香料不仅可以提神醒脑，还可以驱赶蚊虫。

（五）裱扎民间玩具

裱扎民间玩具的材料有纸、布、竹、木等，是以竹木为骨架，经过编

8

扎、裱糊、折叠等工艺制作而成的玩具，如风筝、灯笼等，其中风筝的品种最为丰富。今以山东潍坊风筝最负盛名。潍坊风筝相传始于明代，至清代乾隆、嘉庆年间更加普及。风筝画面多具民间年画的特点，色彩对比强烈，风格粗犷，深受孩童喜爱。

图1-5　风筝

三、四大经典传统玩具

在灿若星河的中华传统文化中，出现过许多设计精巧的玩具，但是被一致奉为经典的，是以下这四种玩具。

（一）华容道

曹操败走华容道是四大名著之一《三国演义》中的故事。讲述的是曹操在赤壁大战中被刘备和孙权联手打败，逃跑时经过华容道，又遇上诸葛亮的伏兵。关羽为报答曹操的恩情，帮他逃出了华容道的故事。由此衍生出了一种玩具——华容道。

图1-6　华容道

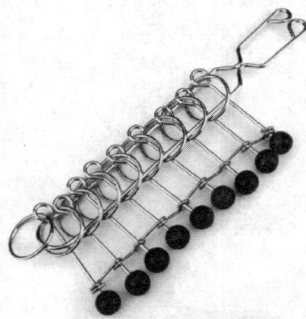

图1-7　九连环

华容道的棋盘上曹操占四格；关羽、张飞、赵云、马超与黄忠各占两格；四个卒各占一格。玩家只能利用盘面上两个空格留出的空间，通过移动棋子来帮助曹操移动到棋盘最下方中部逃出。

（二）九连环

九连环是将金属丝制成的圆环套装在横板或各式框架上，它的主体是一个套一个的圆环，并同时穿在剑形环柄上，环柄两端分别是柄把和柄钗，以解开为胜。《红楼梦》中就有关于林黛玉拆解九连环的描写。

（三）七巧板

七巧板，顾名思义由七块板组成。它的历史最早可以追溯到先秦时期的《周髀算经》。其中包括两个大三角形、三个小三角形、一个正方形和一个平行四边形。各个图形的边长有相应的比例，因此可以摆出诸多复杂有趣的图形，据说可以摆出一千六百种以上的图案。

（四）鲁班锁

鲁班锁又称"孔明锁""莫奈何"，相传是由木匠祖师爷鲁班创制的。在不使用钉子、绳子的情况下，用咬合的方式，将木条交叉固定，类似建筑中的榫卯结构。常见的鲁班锁由六根木条组成，每一对木条都和另外两对垂直交叉。

综上所述可以看出，四大经典传统玩具之所以经典，之所以历久弥新，至今仍然被大家喜爱，很重要的原因就是它们的可操作性较强，且玩法不固定。儿童可以做诸多探索，得出多种解决方案，这便是经典的奥秘。

图1-8 七巧板

图1-9 鲁班锁

第三节 玩教具理论基础

一、福禄贝尔的恩物

恩物（gift）是由世界幼教之父、现代学前教育的鼻祖福禄贝尔设计的一套玩具，以球体、立方体和圆柱体为主要形状模型。恩物是一种有教育目的的玩具。在玩具与教具两个含义之间，恩物更倾向于教具。其实，玩具就是自然的教具，而恩物是把玩具有教育目的地组织而成。[①]恩物的首次使用是在世界最早的幼儿园——德国巴特布兰肯堡之中。它是孩子在童年进行自主游戏时十分重要的玩具。

恩物分为六种，前两种适合三岁以下的孩子，后四种适合三岁以上的学龄前儿童。第一种恩物是六个彩色绒线球。第二种恩物是木制的球体、立方体和圆柱体，后两者可做穿孔游戏。后四种恩物都是木制立方体积木，每种有所不同。第三种恩物可分为八个体积相等的小立方体。第四种恩物可分为八个体积相等的小长方体。第五种恩物可以分为十八个体积相等的小立方体和三十六个体积相等的小三角体。第六种恩物可以分为二十七个体积不等的小长方体。儿童通过各种几何体的操作和摆弄，逐渐掌握了长、宽、高等几何概念，锻炼了儿童的操作能力、组合能力、造型能力，等等。

二、蒙台梭利的教具

"我听过了，我就忘了；我看见了，我就记得了；我做过了，我就理解了。"这是蒙台梭利最经典的语录之一。蒙台梭利认为，幼儿的游戏与成人的工作一样重要，这是对儿童的充分尊重。儿童自由选择感兴趣的材料，动手操作、探索、纠错、发现、建构、发展。蒙台梭利认为，儿童可以通过操作材料获得内心的平静，而这些有趣的材料就是蒙台梭利教具。据相关资料，蒙台梭利经典教具并非由蒙台梭利一人完成，其儿子马里奥及其助理也

---

① 丰子恺.艺术教育［M］.上海：大东书局，1932.

参与了设计。①蒙台梭利本人也非常鼓励教师们自制教具。至今，蒙台梭利教育协会国际委员会还担负着继续开发和制作蒙氏教具的使命。随着蒙氏教育的发展，蒙台梭利教具的种类也日益纷呈。

从总体上讲，蒙氏教具具有如下特点：第一，纠错功能。蒙氏教具对错误的控制是它的一大特色。儿童在操作的时候，可以根据情况及时调整，自行纠正出现的错误。第二，操作性强。蒙氏教具的可操作性极强，儿童在对教具的探索和摆弄中实现发展。第三，教育目的专一性。蒙台梭利认为，儿童受自身发展的限制，每一种玩具给予或者蕴含的刺激仅限一种。比如粉红塔都是粉色，其目的是让儿童领会大小，因此不会在颜色方面做过多设计。第四，和谐雅致。蒙氏教具大多朴素、雅致、干净，从外观上就可以给儿童和谐的感觉，从而在操作中体验到这种美感与秩序感。

三、陈鹤琴的玩具

中国的幼教之父陈鹤琴自20世纪20年代有了自己的第一个孩子起，就开始了对儿童玩具的研究。他称得上是我国儿童玩具研究的开创者。他以自己的孩子作为实验对象，研究适合孩子的玩具、教具。陈鹤琴指出，儿童天生喜欢游戏，应该依据儿童的年龄，提供各种游戏的器具，以支持儿童的游戏。

陈鹤琴认为："玩具的作用，不仅仅是博小孩子之欢心，也要使他因此得着自动的机会。"他还举例街上兜售的玩物大抵只博得小孩子的欢心罢了。什么泥菩萨、纸灯笼，小孩子买了只可以把它供在桌上，挂在墙上看看，不能充分去玩它。②因此，陈鹤琴认为，可操作性是玩具重要的属性之一，只有当玩具能够刺激儿童自己去做、去想、去参与活动和组织活动时，玩具才能真正发挥教育的作用。他认为如果玩具只是静态，仅有观赏功能，或者只有固定模式去简单模仿，那这个玩具就是"死"的，不是好玩具。他举例书坊里所卖的"活动影片"，儿童买了来，玩了几天就不要它了，因为它所变化的花样总是那么几套，一旦了解透彻，就丧失了趣味。因此，陈鹤琴认为，好的玩具应该能够引发儿童的操作，能启发思想，发展创造力。

---

① 李桂云，李升伟. 蒙台梭利婴幼儿教育实操教程［M］. 北京：北京师范大学出版社，2017.

② 杨俐. 陈鹤琴玩具思想对现代玩具设计生产的启示［J］. 广角镜，2016.

第四节　玩教具的分类

一、玩教具的分类

根据不同的分类标准，玩教具可以分为多种类型。比如：根据生产方式的不同，玩教具可以分为成品玩教具与自制玩教具；根据制作者的不同，自制的玩教具可以分为成人自制玩教具和儿童在成人指导下制作的玩教具；根据制作材料的不同，自制玩教具可以分为纸制玩教具、竹木制玩教具、布艺制玩教具、泥制玩教具等；根据玩教具的功能，可以把玩教具分为体育类玩教具、益智类玩教具、角色游戏类玩教具、建构类玩教具等；根据玩教具自身的结构性，还可以将玩教具分为开放性玩教具与封闭性玩教具。

由于其他的分类标准显而易见，在此仅对最后一种分类作出详细解释。封闭性玩教具，就是仅有一种玩法或固定模式，功能简单，且不易引发幼儿想象、迁移的玩教具。比如婴儿的音乐旋转床铃。伴随着舒缓的音乐，床铃上悬挂的玩偶缓慢转动起来，的的确确拥有安抚功能和催眠功能。但是，它的玩法相当固定，不能引发更多想象，开始可能比较吸引儿童，时间一长，毫无新意，甚至令人昏昏欲睡，这也是它能够起到催眠作用的原因。与之相反，开放性玩教具是指没有固定玩法的、易引发儿童想象的玩教具。比如牙膏盒，在成人眼中，可能就是废品、垃圾，然而在儿童眼中，便有无限可能。它可以是一块积木、一块砖头，也可以是手机、电视遥控器。儿童在赋予它功能的时候，既需要发挥充分的想象力，又需要准确地表达自己的想法，协商其他小伙伴认同自己的想法，其表达能力和合作能力得到进一步提升。同时，在这个过程中，儿童也充分发挥了他的主导性和创造性。最棒的一点就是，开放性的玩教具可以降低儿童的挫折感。孩子天生喜欢探索，但并非每一次的探索都能得到积极的反馈。常有一些"好心"的成人或是同伴会纠正儿童天马行空的探索。"这个玩具不是这样玩的"，看似简单的提醒，有可能就自此打消了儿童深入探索的可能和欲望。开放性玩教具由于没有固定的玩法，因此也无对错之分，反而鼓励了儿童无拘无束地探索。

但是，我们并不可以简单粗暴地认为，开放性玩教具就一定优于封闭性玩教具。由于开放性玩教具的低刺激性、多功能性，在某一方面的教育功能肯定会弱于封闭性玩教具。值得注意的是，日常生活中，不要忽略开放性玩教具的巨大意义。因为对于儿童来说，玩具可以是任何东西。儿童探索他们身边触手可及的每一种材料，并且可能将其都变为可玩的玩具。

二、儿童心中的"完美玩具"

个人认为，并不存在十全十美的玩具，但是所有蕴含着长辈关爱的礼物都是爱的表达，可以称为"完美玩具"。哪怕某个玩具可能并不适合孩子目前的发展阶段，也可能它的设计完全是出于成人视角，完全没有考虑到儿童的承受能力，比如玩具分贝太大或是灯光太闪，可能会威胁到孩子的健康发展。但是在收到玩具的时候，儿童感知长辈的爱意，并真诚地表达感谢，这就是爱的礼物。如果玩具比较复杂，并不在目前儿童的能力范围内，我们可以和儿童商量，先摆放起来，以后再玩。如果玩具比较简单，更适合较低龄的儿童玩耍，那么可以和他商量，请他转送给其他的小弟弟、小妹妹。如果玩具出现一些安全方面的威胁，成人则可以巧妙地去除这些安全风险。比如刚刚提到的高分贝玩具，可以在喇叭处放置海绵、毛毡等材料，较好地阻断过大的声音。如果是比较刺眼的玩具，则可以将电线剪断，或是更换为柔和的灯光。这样，儿童在玩玩具的时候，就可以再次感受来自长辈的关爱，这是一件很幸福的事情。

除了来自长辈的爱的礼物，儿童也会收到小伙伴的礼物。成人会惊奇地发现，小伙伴间交换的这种小玩意并不起眼，可能仅仅是一张卡片，也可能只是一个指头大小的玩偶，孩子们却爱不释手。因为这个玩具不仅仅具有玩耍娱乐的功能，还包含小伙伴之间的友谊。

再者，儿童自制玩教具是儿童最喜爱的玩具之一。虽然自己制作的玩教具可能有点歪歪扭扭，并不是大人眼中的完美样子，但在每个自制玩教具中，都蕴含着儿童自己的想法、尝试和努力。

成人的确可以依照各种理论，制定各种标准，去评价某一玩教具的优劣。但是，我们无法衡量某一玩教具对儿童个体的意义。因为对儿童个体而言，正是那些我们未曾看到的、与玩教具的情感互动，或者儿童赋予玩教具的特殊意义，成就了他们心目中最完美的玩具。

图1-10　　睡眠娃娃

　　上图是我在怀孕时为自己的孩子缝制的布娃娃。待我的孩子出生后，她真的很喜欢这个布娃娃。即使它不会动，没有声音，也没有绚烂的灯光，但她依然喜欢它、摆弄着它、拥抱着它、拖拽着它……后来，它破旧不堪了，她依然不遗弃它。我感动于孩子对娃娃的爱，感受着外婆对我的爱又流淌到我的孩子这里。我想说的是：在爱的面前，一切标准都失去了意义。

　　哪有什么所谓的完美玩具，所谓"完美"或是加了情感特效，或是开了时光滤镜。如庄子所言："朴素而天下莫能与之争美。"虽然它是那么的普通，但在有些人眼里就是"天下莫能与之争美"。

第二章　中国传统文化视域下环境创设概述

第一节　环境创设概述

一、环境的概念

环境属于多学科概念，有关环境的概念很多。《辞海》对环境的解释：环绕所辖的区域；周匝。《国防经济大词典》指出：人类生存的空间及其中可以直接或间接影响人类生活和发展的各种自然因素称为环境。[①]《心理学大词典》指出：环境是指在人的心理、意识之外，对人的心理意识的形成发生影响的全部条件，包括个人身体之外存在的客观现实，也包括身体内部的运动和变化。[②]《教育大辞典》对环境的解释是：直接或间接影响个体形成和发展的全部外在因素，包括先天环境和后天环境。以人的主体为中心，围绕自我的事物，包括外部环境和个体内部环境。外部环境包括先天环境和后天环境，而内部环境包括生理环境和心理环境。[③]可见，不同学科，对环境的定义不尽相同，研究的范围也不一致。

从广义上讲，所有的空间、事物、人物、关系、氛围等，都属于环境的范畴。但由于本书主要探讨的是环境创设，即以人为中心的能够改变、能够创造的那部分内容。例如所处的时代、自然的条件，虽然也是环境，但不属于本书讨论的范畴。因此，本书所探讨的环境创设比《教育大辞典》中所指的环境范围稍窄一些。准确地讲，本书中的环境是指，以人为中心的，围绕

①陈德第，李轴，库桂生.国防经济大辞典［M］.北京：军事科学出版社，2001.

②朱智贤.心理学大词典［M］.北京：北京师范大学出版社，1989.

③顾明远.教育大辞典（增订版）［M］.上海：上海教育出版社，1998.

在其周围能够以人的意志而改变的一切条件的总和，包括物质方面的条件和精神方面的条件。

二、环境创设的概念

环境创设就是以人为中心，对围绕其周围的物质条件和精神条件的创造与设计。其目的是对象人物的发展，它的指向是积极的，正面的，有促进意义的。

这种创造与设计需要根据对象人物的身心发展规律和内在需求，挖掘和利用各种因素，创设其与环境积极作用的场景，对象人物在环境中潜移默化地发生积极改变。比如，家庭环境创设，就是以家庭成员为中心，对家庭内部和周边的物质和精神条件进行的改造与设计，其目的是促进家庭每个成员的积极发展。幼儿园环境建设，则是以幼儿和幼儿园教师为中心，对他们周围的物质条件和精神条件进行的创造与设计，其目的是促进幼儿和教师的正向发展。

本书研究的是以儿童为中心的环境创设，其服务的对象是儿童。因此，环境创设特指以儿童为中心，根据儿童身心发展规律与特点、需求，对围绕儿童周围的物质条件和精神条件进行的创造与设计，以促进儿童的长远发展。

本书中的儿童特指学前阶段的幼儿，在后面的阐述中不再单独解释。

人与环境关系紧密。早在1972年的《联合国人类环境会议宣言》（Declaration of the United Nations Conference on the Human Environment）中，我们已经认识到人与环境是不可分割的。宣言的第一条便是这样描述的："人类既是他的环境的创造物，又是他的环境的塑造者。环境给予人以维持生存的东西，并给他提供了在智力、道德、社会和精神等方面获得发展的机会。"相比成人，儿童与环境的关系更为紧密。毕竟像莲花一样的"出淤泥而不染，濯清涟而不妖"是需要巨大的自控力和抗干扰能力的。对于学前阶段的儿童来说，试图摒弃环境对自身的影响，是几乎不可能的事情。儿童总是不可避免地受到环境的影响，或是积极，或是消极。但面对相同环境影响，不同儿童会作出不同选择，接受影响或是发起反抗、试图改变。这些改变的成败经验及其是否能够得到他人的支持，都会影响儿童个人的成长轨迹，而在多次选择之后，原来处在相同环境的儿童后来发展不再相似，其身处的环境也不尽相同。这就是儿童对周边的环境的作用。这样的影响与作用循环往复，儿童与环境之间相互影响、相互促进，不可分割（如图2-1）。

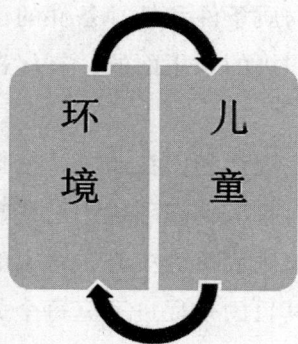

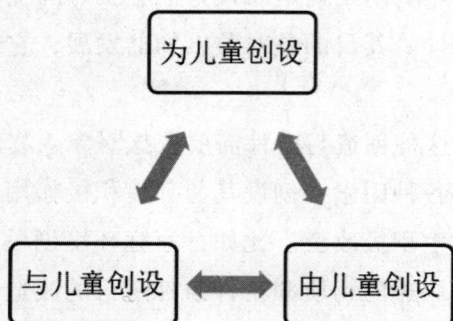

图2-1 儿童与环境的关系　图2-2 以儿童为中心的环境创设的三种样态

在以儿童为中心的环境创设过程中包含了三种样态："为儿童创设""与儿童创设"和"由儿童创设"。三种样态相互依存，缺一不可（如图2-2）。为儿童创设环境，并不是大包大揽、包办代替，制造成人视角的儿童世界，而是考虑到儿童的身心发展规律和喜好，为儿童的发展提供机会与可能。"为"强调的是目的性，环境创设的目的是促进儿童的发展。与儿童创设环境，是对儿童的信任和尊重，善于发现儿童作品的精彩，成人与儿童以平等的地位，共同创设互生互存的环境。"与"强调的是平等与陪伴。由儿童创设环境，是要学会聆听、学会观察，在儿童需要的时候适时提供"脚手架"，促进儿童的创造与发展。"由"强调的是幼儿的自主、主动，是儿童主体性的体现。

第二节　有关环境创设的理论基础

一、有关环境创设的教育学理论

环境对人发展的重要性毋庸置疑。纵观历史长河，古今中外的众多教育家都揭示了环境的重要作用。

（一）中国有关环境重要性的论述

《孔子家语·六本》中写道："不知其子视其父，不知其人视其友，不知其君视其所使，不知其地视其草木。故曰与善人居，如入芝兰之室，久而不闻其香，即与之化矣；与不善人居，如入鲍鱼之肆，久而不闻其臭，亦与之化矣。丹之所藏者赤，漆之所藏者黑，是以君子必慎其所处者焉。"这里清楚地解释了身处环境的重要性。无独有偶，《墨子·所染》中也提到："染于苍则苍，染于黄则黄。所入者变，其色亦变……故染不可不慎也！"《荀子·劝学》中也有类似的阐述："蓬生麻中，不扶而直；白沙在涅，与之俱黑。"晋朝傅玄《太子少傅箴》中也再次强调了"故近朱者赤，近墨者黑"。颜之推也认为对"人在年少，神情未定"的子女来说，其周围的人和事会对其产生很大影响。

近代的康有为在《大同书》中提议：学校要远离戏院、酒馆、作坊、市场等喧哗的地方，以免对儿童造成干扰。他甚至还规划了育婴院的设计：楼居少而草地多、通风清爽之地；育婴院内部要多设置游戏玩具和器具之类的"弄儿之物"。[①]这样的环境创设至今仍不过时。

被誉为中国幼教之父的陈鹤琴提出了目的是"做人，做中国人，做现代中国人"的"活教育"思想。陈鹤琴不仅是我国第一个运用近代科学方法研究儿童心理、进行教育实验的教育家，也是我国从实践角度深入、系统地探索幼儿园环境创设的第一人。[②]他十分重视环境的作用。他说："孩子生来大概都是好的，但是到了后来，或者是好，或者是坏，都是因为环境的关系。环境好，小孩子就容易变好；环境坏，小孩子就容易变坏。一个小孩子生长在诡诈恶劣的环境里，到大来也会变成诡诈恶劣的。"他认为，幼稚园环境应该是中国化的；环境终究应该为儿童发展服务，应该坚持儿童参与原则。陈鹤琴的环境教育思想至今依然具有指导意义。

① 毛礼锐.中国教育史简编［M］.北京：教育科学出版社，1984.

② 秦元东，唐淑.为儿童创设良好的环境——论陈鹤琴关于幼稚园环境创设的思想［J］.学前教育研究，2002.

（二）国外关于环境重要性的论述

英国洛克的白板说认为，人出生最初的心灵像一块没有任何记号和任何观念的白板，一切观念和记号都来自后天的经验，后天的经验必然会受到环境的影响。

法国教育家卢梭在《爱弥尔》中写道："他周围的事物就是一本书，使他在不知不觉中继续不断地丰富他的记忆，从而增强他的判断力。为了培养他具备这种头等重要的能力，真正的好办法：要对他周围的事物加以选择，要十分慎重地使他继续不断地接受他能够理解的东西，而把不应该知道的事物都藏起来，我们要尽可能用这个方法使他获得各种各样有利于他青年时期的教育和他一生的行为知识。"从这可以看出，卢梭认为一个人周边的事物需要谨慎选择，因为环境于人的作用巨大。

意大利教育家蒙台梭利建立"儿童之家"，运用独创的方法教学，在世界范围内引起了一场幼儿教育的革命，至今影响深远。蒙台梭利十分重视环境，她认为如果儿童被置于一个有利于他们的自然发展的环境中，使他们能按自己的需要、发展的节奏和速度来行动，他们就会显现出惊人的特性和智慧。[①]蒙台梭利认为，儿童是精神胚体，需要环境的保护、滋润；儿童具有吸收力的心灵，能够吸收环境中的印象来建构心智；童年的秘密就隐藏于环境中，开放的环境能够激发真正的内在潜能；环境是教育的工具，教育应当是教师、儿童和环境三者的相互影响，教师需要为儿童提供适合其发展的"有准备的环境"。蒙台梭利有关环境的论述对当今的实践仍然具有非常重要的参考价值。

除了大名鼎鼎的蒙氏教育重视环境的价值，如雷贯耳的瑞吉欧教育也非常重视环境的价值。瑞吉欧教育认为，环境是"第三位老师"，环境是课程设置与实施的要素。环境是幼儿与幼儿之间、幼儿与成人之间、幼儿与物之间互动的关键性因素。环境是最佳的"记录"方式之一。瑞吉欧教育认为，环境是教育的一个组成部分，学校没有一处无用的环境；每个学校拥有一个自己的环境，因为每个学校的环境都是根据幼儿、家长、教师的需要创设的，是他们共同研究、共同创造的。在瑞吉欧教育机构中，校门口、教室、

---

① 李桂云，李升伟. 蒙台梭利婴幼儿教育实操教程［M］. 北京：北京师范大学出版社，2017.

广场和工作坊中都会有特别的环境创设。

二、有关环境创设的心理学理论

（一）色彩心理学理论

环境创设离不开色彩的运用。色彩心理学在环境方面非常重要。色彩心理透过视觉开始，从知觉、感情到记忆、思想、意志、象征等，其反应与变化是极为复杂的。色彩的应用，很重视这种由对色彩的经验积累变成对色彩的心理反应。

1．色彩与情绪

色彩影响着人们的心理活动，特别是人们的情绪。心理学家认为，人的第一感觉就是视觉，而对视觉影响最大的则是色彩。色彩与情绪紧密相连，人的行为会受到色彩的影响。红色与火焰颜色相似，通常给人的感觉是刺激、热情、奔放、力量、庄严、喜气和幸福等；蓝色是天空的颜色，则让人感到悠远、宁静、寒冷、开阔、透明等；绿色则象征着草原和森林，有生命、理想、年轻、安全、新鲜、和平之意。

但是，色彩与感觉并不是绝对的，人们会因为颜色的色相、明度、纯度的不同而产生不同的情绪反应。即使是对完全相同的颜色，不同的人因为不同的经历，产生的情趣也不完全相同。随着社会的发展，影响人们对颜色感觉联想的物质越来越多，人们对于颜色的感觉也越来越复杂。

2．色彩与生理

色彩不但会对人的心理情绪产生影响，也会对人的生理产生影响。有研究发现，红光下，人们的脑电波和皮肤电活动都会受到影响，人的脉搏会加快，血压有所升高，情绪容易兴奋冲动，而且听觉感受性下降，握力增加。有实验证明，红光下工作的人，力量更大，但工作效率却较低。与红色相反，绿色可以使人减慢呼吸，降低血压，提高人的听觉感受性，有利于思考集中，提高工作效率，消除疲劳。处在蓝色环境中，人们的脉搏会减缓，情绪也较镇静。这是因为色彩的物理光刺激对人的生理产生了直接影响。

3．色彩的冷与暖

冷色与暖色是依据心理错觉对色彩的分类。频率低的红光和橙色、黄色光，本身有暖和感，此光照射到任何色都会有暖和感。相反，频率高的紫色光、蓝色光、绿色光，有寒冷的感觉。①

色彩除了在温度上给人的感觉不同外，在重量感、湿度感等方面也不尽相同。一般情况下，暖色偏重，冷色偏轻；冷色更湿润，暖色更干燥；冷色有开阔的感觉，暖色则有迫近感。在环境创设的过程中，一定要充分利用色彩给人们带来的不同感受，以达到预期的效果。

（二）具身认知理论

具身认知（Embodied cognition）理论是在 20 世纪末"后认知主义"中出现的新取向，该理论强调身体与环境的交互作用，认为认知来源于身体对环境的感觉及身体在环境中的运动。具身认知与"离身"的人工智能并不相同，人工智能是离身的，是独立于身体所存在的。具身认知理论认为思维和认知在很大程度上是依赖和发端于身体的，每个人的身体构造、神经结构、感官和运动系统的活动方式决定了每个人的思维风格、认识世界的方式及看待世界的方式。

威尔森认为，"认知是具身的，身体是嵌入环境的。认知、身体、环境组成一个动态的统一体"②。当代认知理论逐步转向为将认知的发生看作是身体、心智以及环境三者构成认知系统的自组织生成与涌现。③杨宁认为具身认知理论强调身体、大脑和环境的耦合关系，对幼儿教育的理论建设和实践具有重大意义。④叶浩生认为心智根植于身体，身体根植于环境。环境既包括了自然环境，也包括了社会环境。这样一种链接关系把心智与社会文化紧密联系在一起，社会文化塑造了身体和心智。学习过程因而既要考虑身体因素，也要考虑社会文化因素。⑤近年来，基于具身认知理论来研究儿童教育和空间场所设计的论文很多，也从侧面反映了该理论的巨大影响。

单杰、梅洪元以具身认知理论为出发点，提炼适应儿童身体活动和认知

---

① 孙孝华，多萝西·孙.色彩心理学［M］.上海：上海三联出版社，2017.

② M. WILSON. Six Views of Embodied Cognition［J］. Psychonomic Bulletin & Review，2002，9（4）：625–636.

③ 张良.论具身认知理论的课程与教学意蕴［J］.全球教育展望，2013.

④ 杨宁.第二代认知科学与幼儿教育理论建设——读《肉身中的哲学：具身心智及其对西方思想的挑战》［J］.教育导刊（下半月），2015.

⑤ 叶浩生.身体与学习：具身认知及其对传统教育观的挑战［J］.教育研究，2015.

发展的空间设计原理和空间特征，提出儿童交互空间概念。研究认为支持儿童大肌肉动作发展的空间设计应满足三点：一是要兼容预期行为和自发性活动的功能承载；二是契合儿童活动能力的空间形态与尺度；三是循环流线与多出入口。[①]熊建文等学者结合具身认知理论特征，分析具身认知视角下的儿童科普展示空间设计的身体感知、行为互动、意义传达的需求，并提出具身认知视角下的儿童科普展示空间设计原则，分别是空间形象的经验性、展示营造的情境性、体验方式的互动性。[②]

（三）自我决定理论

自我决定理论（Self-Determination Theory，SDT）是由美国心理学家爱德华·L.德西和理查德·M.瑞安等人在20世纪80年代提出的一种关于人类自我决定行为的动机过程理论。

自我决定理论认为人有三个与生俱来的心理需求，如果满足了这三个需求，就能为人带来最佳的发展和进步。这三个需求就是：自主（autonomy）、胜任（competence）、联结（relatedness）。自主，就是指个人可以根据自己意志，从事个人选择的活动。胜任，是指在活动中拥有成功的体验，体验成就感。联结，是指与他人建立联系。

作为教师，为了下一代幸福、快乐的发展，我们最应该做的就是支持儿童的自主。如何支持？就是满足三个基本需求，儿童便会依循本身的自我发展动机前进。自主，就是要信任儿童，给予儿童选择的权利。就精神环境方面，就是提供安全的心理氛围，让儿童可以根据自己的需求、爱好，自主、自信地作出选择。就物质方面讲，就是提供多种材料，让儿童有选择的机会。胜任，就是我们为儿童预设的挑战是处于其自身最近发展区的，因而儿童是有能力完成的。这样成功经验的积累，儿童便充满胜任感，更乐于挑战。联结，就是更多地从心理环境的角度接纳儿童、信任儿童。

①单杰，梅洪元.基于具身认知的儿童交互空间设计研究［J］.建筑学报，2021.
②熊建文，汪静瑶，林皎皎.具身认知视角下的儿童科普展示空间设计研究［J］.工业设计，2022.

（四）生态系统理论

布朗芬布伦纳的生态系统理论（Ecological Systems Theory）是一个有关个体发展模型的理论，强调发展个体处于相互影响的一系列环境系统之中，系统与个体相互作用并影响着个体发展。[①]目前，在学前教育领域，该理论具有较高的应用价值。

根据生态系统理论，环境分为五个层次：微系统、中系统、外系统、宏系统、时间系统。这四个层次是以系统对儿童发展的直接影响程度分界的，从微系统到宏系统，对儿童的影响也从直接到间接。每个层面对于人类成长都起到了至关重要的作用。

环境层次的中心是微系统，是个体活动的直接环境。对大多数婴儿来说，微系统仅仅局限于家庭。随着婴儿的不断成长，其活动范围不断扩展，幼儿园、学校和同伴关系不断纳入到微系统中来。对学生来说，学校是除家庭以外对其影响最大的微系统。随着孩子成长，微系统越来越大，范围越来越广。

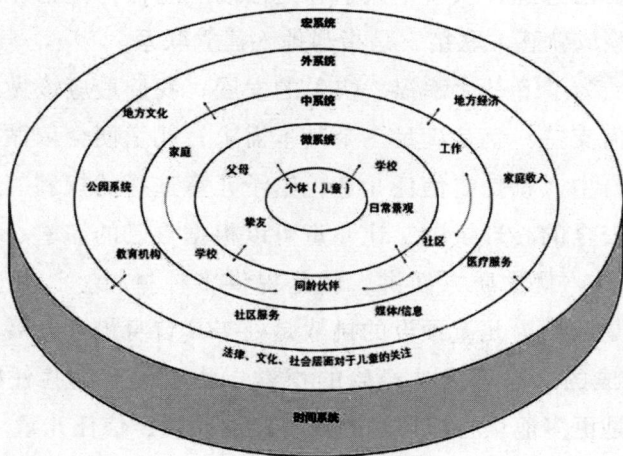

图2-3　生态系统理论

① 周桐帆，李俊刚. 基于生态系统理论分析幼儿园环境创设的问题及对策［J］. 基础教育研究，2020.

第二个环境层次是中系统，中系统是指各微系统之间的联系或关系。如果微系统之间存在较强的积极联系，发展就可能实现最优化；相反，则会产生消极的后果。比如，家园合作密切，会促进幼儿的发展；家园矛盾重重，则会对幼儿发展产生消极影响。

第三个环境层次是外系统，是指那些儿童并未直接参与但却对他们的发展产生影响的环境。比如父母的工作场所，如果父母在较高压的工作单位，而自己没有较好的情绪调节能力，势必会将压力带回家庭。

第四个环境层次是宏系统，是指存在于以上三个系统中的文化、亚文化和社会环境。这实际上是一个意识形态，如社会对待儿童的态度、给予儿童的期许等。在不同文化中，这些观念意识是不同的，但是它们存在于三个系统中，直接或间接地影响儿童的发展。

第五个环境层次是时间系统，又称历时系统，把时间作为研究个体成长中心理变化的参照体系；强调儿童的变化或者发展，既与环境有关，又与时间有关，需要将时间和环境结合起来，把握儿童发展的动态过程。布朗芬布伦纳将这种环境变化称为生态转变，每次转变都是个体人生发展的一个阶段。时间系统关注的是人生的每一个过渡点，他将转变分为两大类：正常过渡点，如入学、青春期、参加工作、结婚、退休等；非正常过渡点，如家庭中有人去世或病重、离异、迁居、彩票中奖等。这些转变促进着人的发展。①

布朗芬布伦纳的生态系统理论扩大了传统研究中环境的概念。有关个人成长的环境，的确不止家庭与学校，其范围更宽、更复杂，不仅包括了儿童周围的环境，还包括了影响儿童发展的大的社会、文化环境。另外，该理论强调发展的动态性。一些生活事件、一些过渡点都会对人的发展产生影响。

因此，本书的实践篇，不但介绍了儿童家庭环境的创设、幼儿园环境的创设，还介绍了周边环境的创设，比如社区、城市等大的环境的创设。

三、有关环境创设的人居环境学理论

第二次世界大战之后，出现了对不同尺度、不同层次的人类聚居环境的

---

① 关于布朗芬布伦纳发展心理学生态系统理论［J］.中国健康心理学，2009，17（2）.

研究，特别是建筑、城市、风景园林等人为建成的环境的人居环境科学。人居环境科学是探索、研究人类因各类生存活动需求而构筑空间、场所、领域的学问，是一门综合性的，包括乡村、集镇、城市等在内的、以人为中心的人类聚居活动与以生存环境为中心的生物圈相联系，加以研究的科学和艺术。希腊学者道萨迪亚斯限定了人居环境的五种元素，分别是人、社会、自然、建筑、网络（城市交通和通信网络）。[①]国内的人居环境科学是由吴良镛教授团队提出建立的。他认为人居环境包含五个子系统：自然系统（气候、土地、植物和水等）、人类系统（个体的聚居者，侧重人的心理与行为等）、居住系统（住宅、社区设施与城市中心等）、社会系统、支撑系统（住宅的基础设施）。[②]吴良镛出版的《人居环境科学导论》为国内人居环境科学作出了重要贡献。

《城乡人居生态环境》中提出了城乡人居生态环境的评价原则，第一条便是以人为本的原则。[③]人占据首要地位，是最核心的因素。人居生态环境离开了人，一切都没有意义。此外，该书还提出了应该考虑到人类居住的动态发展过程。该书从生态环境和居住环境两个角度构建评价体系，其中生态环境包括空气环境、绿化环境、水环境、声音环境、光环境和其他；居住环境包括基础设施，区位交通、公共设施（卫生机构、医院、教育支出、人均教育文化娱乐支出、图书馆藏书量）、房屋环境。[④]以人为中心的、充满人文关怀的人类居住环境，成为重要发展趋向。[⑤]这必将为以儿童为中心的大环境创设奠定坚实的理论基础。

---

① 吴成亮，张洋，路森等.城乡人居生态环境［M］.北京：中国建筑工业出版社，2020.

② 吴良镛.人居环境科学导论［M］.北京：中国建筑工业出版社，2001.

③ 吴成亮，张洋，路森等.城乡人居生态环境［M］.北京：中国建筑工业出版社，2020.

④ 吴成亮，张洋，路森等.城乡人居生态环境［M］.北京：中国建筑工业出版社，2020.

⑤ 孟雪.儿童友好导向的城市住区空间环境评价与优化设计研究［D］.哈尔滨：哈尔滨工业大学，2020.

第三节 环境的分类

一、物质环境和精神环境

一般情况下，人们将环境分为物质环境和精神环境。和事物有关的为物质环境，与人有关的是精神环境。在马斯洛的需要层次理论中，生理需要、安全需要是最基本的需要，主要是物质环境给予的，而归属感、爱、尊重和自我实现则更多是由精神环境所提供的（如图2-4）。根据马斯洛需求层次理论，人的需要是一个由低级向高级发展的过程，那么物质环境与精神环境也有层级之分。物质环境是精神环境的基础，精神环境是以物质环境为基础的高级发展阶段。

但是这两者却不能截然分开。物质环境和精神环境互相交融的部分（如图2-5），就是物质环境作用于精神环境，而精神环境也可以反作用于物质环境的部分，即物对人的影响及人对物的影响。就像宽敞、舒适、明亮的空间，属于物质空间，但是却会让人们心情舒畅。狭小、灰暗的空间，会让人们压抑，想要逃离。这就是物质环境影响了精神环境。但是如果一个人的精神状态是悲伤的、难过的、害怕的，那么即使在宽敞明亮的空间也不会有舒适的感觉。就像是对于考前紧张的考生来说，平时宽敞明亮的教室，到了考试的日子，就会觉得压抑无比。这其实就是精神环境对物质环境的影响。

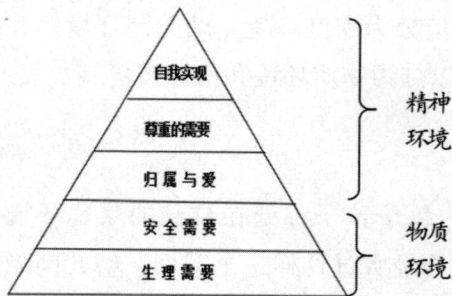

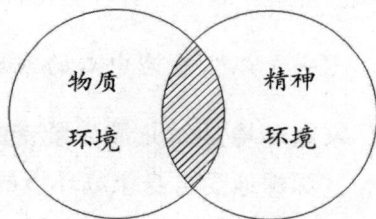

图2-4 需要层次理论与物质和精神环境的关系　　图2-5 物质和精神环境的关系

（一）物质环境

不同场所的物质环境不尽相同，人们对于不同场所的物质环境的期待与要求也不尽相同。宽敞、绚丽多彩、充满动感音乐的商场，肯定是刺激购物的好地方，但并不满足一般人对于家的期待。温馨、舒适的卧室，昏黄的床头灯，松软的、散发阳光味道的床品，可能会让人迫不及待地想要休息，但并非学习的好场所。不同功能的场所，其物质环境也存在不同的样态。从整体上讲，人类倾向的环境有一定的相似性，即要满足基本的生理与安全的需要。比如，空间的面积不宜过于狭小，要具备基本的采光、照明设备，房间有一定的通风、隔声、隔热条件，等等。

当然，良好的物质环境并不一定是多么高档的物质条件。泥土和沙子带给儿童的快乐并不一定会少于高档玩具。在旷野上肆意奔跑的孩子，和在高档田径场里奔跑的孩子，其运动能力不会有太大差异。

（二）精神环境

良好的精神环境是人和人之间相互关系营造的氛围，它包括成人与成人之间的、儿童与成人之间的、儿童与儿童之间的。围绕在儿童身边的这三种人际氛围都会影响到儿童的发展。剑拔弩张的夫妻关系会让孩子更胆小。幼儿园教师之间的恶性竞争，也会破坏儿童间的友谊。友好的同伴关系，是儿童必不可少的心灵营养剂。整个社会的文化氛围、精神氛围，都会对儿童产生一定的影响，在他们身上打上时代的烙印。而且，与物质环境相比，精神环境具有内隐性，不容易被观察和测量。

二、以儿童为中心的家庭环境、幼儿园环境、社区及城乡环境

按照与幼儿的紧密程度，可以将环境分为家庭环境、幼儿园环境、社区及城乡环境。在每一种环境里面，又可以分为物质环境和精神环境。

（一）以儿童为中心的家庭环境

家庭环境是幼儿最为紧密的环境。每个孩子都处在自己的家庭环境之中，并深深地受自身家庭环境的影响。曾经听过这样一个案例，幼儿园老师发现一个小朋友发展较为迟缓，于是到孩子家里访问。老师吃惊地发现，三岁的孩子居然被奶奶背在身上。老师询问原因。奶奶无奈地表示，没有办

法，宝宝喜欢翻抽屉，抽屉里有药、刀子，都是他碰不得的。但她又需要干家务，所以只能背在身上。这样，老师就明白了。长期被背着的幼儿被剥夺了探索的机会，而探索和尝试是孩子学习发展的最主要方式，所以他发展得比其他孩子慢一些。经过老师的解释，奶奶才明白自己的做法虽然保护了孩子，但是影响了孩子的发展，得不偿失。从这个事例中可以看出，家庭环境与儿童的发展密切相关。

家庭环境作为人类出生后的第一个环境，对一个人未来的发展至关重要，而且家庭环境也是家庭教育的重要线索。近年来，我国特别注重家庭教育。2021年施行的《中华人民共和国家庭教育促进法》第十五条，明确指出："未成年人的父母或者其他监护人及其他家庭成员应当注重家庭建设，培育积极健康的家庭文化，树立和传承优良家风，弘扬中华民族家庭美德，共同构建文明、和睦的家庭关系，为未成年人健康成长营造良好的家庭环境。"2022年4月，全国妇联、教育部等11个部门印发了《关于指导推进家庭教育的五年规划（2021—2025年）》明确指出，"到2025年，家庭教育立德树人理念更加深入人心……家庭教育在培养德智体美劳全面发展的社会主义建设者和接班人中发挥更重要的基础性作用"。该规划着重在家庭的精神环境层面作出了说明。

目前，有关家庭环境的研究与量表有很多。例如：家庭环境观察量表（Home Observation for Measurement of the Environment，简称HOME）是由Bettye M.Caldwell和Robert H.Bradley在20世纪60年代编制并使用的，其目的在于测量自然环境下，儿童在家庭中可得到的激励和社会情感的支持等各个方面的数量和质量。[1]1986年，Frankenburge等人根据HOME量表编制了适用于城市家庭的家庭普查问卷（Home Screening Questionaire，简称HSQ）。联合国儿童基金会认为，家庭刺激性差是影响贫困儿童发展的主要因素之一，其根据HOME量表编制了适用于发展中国家农村地区的家庭养育指标量表（Family Care Indicators，简称FCIs）[2]，内含五个子领域：

---

① 卢珊，李璇，姜霁航. 中文版婴儿-学步儿家庭环境观察评估表的信效度分析［J］. 中国临床心理学杂志，2018.

② Hamadani, Jena D.Tofail, et al. Use of Family Care Indicators and Their Relationship with Child Development in Bangladesh.［J］. Journal of Health, Population, & Nutrition, 2010.

游戏活动（play activities）、各种游戏材料（varieties of play materials）、游戏材料来源（sources of play materials）、家庭书籍（household books）和杂志与报纸（magazines and newspapers）。另一个量表是家庭环境评定量表（Family Environment Scale，简称FES），由美国心理学家Moss R.H.在1981年编制，评价内容包括亲密度（cohesion）、情感表达（expressiveness）、矛盾性（conflict）、独立性（independence）、成功性（achievement orientation）、知识性（Intellectual—cultural orientation）、娱乐性（active—recreational orientation）、道德宗教观（moral-religious emphasis）、组织性（organization）及控制性（control）。该量表在1991年被费立鹏等学者转译，编制完成了家庭环境评定量表中文版（Family Environment Scale-Chinese Version，简称FES-CV）。①英国在长达10多年的纵向研究有效学前教育项目（The Effective Provision of Pre-School Education Project）中提出，家庭学习环境变量主要包括父母的特征（就业状况、婚姻状况、受教育程度等）、父母对家庭学习环境的重视程度、父母与幼儿的互动等方面。同时，该项目也证实了早期家庭学习环境对儿童发展的积极影响和长远影响。②我国学者也证明了家庭学习环境在家庭社会经济地位与幼儿学习品质之间具有完全中介作用，提出父母应重视家庭学习环境的作用、并提高实际创设家庭学习环境的能力的建议。③

当然，也有针对个别发展领域的观察量表，比如儿童/家庭环境语言与识字观察量表（The Child/Home Environmental Language and Literacy Observation，简称CHELLO）。CHELLO开发了两个工具量表：一是读写环境检查表（The Literacy Environment Checklist），该量表用于测量家庭中的资源质量和空间组织情况；二是小组/家庭观察和提供者访谈表（the Group/Family Observation and Provider Interview），该量表用于衡量儿童学习支持

---

① 杨川，谭婧.国外家庭环境评量表比较及对我国家庭教育的启示［J］.少年儿童研究，2020.

② 孙孝华，多萝西·孙.色彩心理学［M］.上海：上海三联出版社，2017.

③ 冯丽娜.家庭社会经济地位与幼儿学习品质的关系：家庭学习环境的中介作用［J］.学前教育研究，2020.

和情感环境的质量。^①两个量表相互依赖、相互补充。

（二）以儿童为中心的幼儿园环境

幼儿园环境是3—6岁儿童除了家庭之外，身处时间最长的一个场所。幼儿园的物质环境对儿童的发展非常重要。曾在德韦克教授的《终身成长》一书中看到下面这个事例，让笔者颇受启发。书中写到孩子对信息的敏感和关注程度是大人无法想象的。该书里面提及一位教育专家讲过的故事：妈妈带5岁的布鲁斯第一次去幼儿园，布鲁斯问道："这么难看的画是谁画的？"那位妈妈带着歉意，立即纠正："这幅画很漂亮，你却说难看，这样很不好。"老师却说："只要你喜欢，你可以画不好看的画。"布鲁斯给了老师一个大大的微笑。一会儿又问道："是谁把消防车弄坏的？"老师又回答："有时候玩具就会被弄坏，这种事经常发生。"布鲁斯放心地在这个地方待下来，因为他知道这个地方不会有人对他评判。^②当时读到这个案例，我内心非常震撼。在日常生活中，有多少成人是和这个妈妈一样自诩站在孩子的立场看问题，努力挖掘孩子作品的闪光点，违心地赞扬孩子的作品。但其实，真正尊重孩子的做法是聆听孩子对作品的解读。从内心承认孩子是一个独立的个体，有着自己的想法、观点和偏好。

学界有关幼儿园环境的研究有很多，也有不少为人熟知的相关研究工具。本节从幼儿园物质环境和精神环境两个角度分别介绍。

1. 幼儿园物质环境

比如美国的《幼儿学习环境评量表》（ECERS）是由北卡罗来纳大学儿童发展研究所的希尔玛·哈姆斯教授等人研发的，于1980年公开问世，针对2～2.5岁的儿童。1998年，发行了修订版《Early Childhood Environment Rating Scale-Revised，简称ECERS-R》^③。2015年，哈姆斯等人在ECERS-R的基础上进行了第二次修订，发布了《Early Childhood Environment Rating Scale-Third Edition》（简称ECERS-3）。

---

① 杨川，谭婧.国外家庭环境评量表比较及对我国家庭教育的启示［J］.少年儿童研究，2020.

② 卡罗尔·德韦克.终身成长［M］.楚祎楠，译.南昌：江西人民出版社，2017.

③ Thelma Harms，Richard M.Clifford，Debby Cryer.幼儿学习环境评量表［M］.华东师范大学出版社，2015.

但无论是哪个版本的ECERS，都表现出了以儿童为中心的理念。比如ECERS-R里面几乎每一项都会涉及融合教育的问题。"班级所有儿童和成人都可无障碍地使用空间，如设有残障人士使用的坡道和扶手、供轮椅和助步器通行的通道"[①]。再者，关于区角的划分，"至少划出了5个不同的兴趣区可以提供多种学习经验。兴趣区的安排使儿童能独立使用它们，如：贴上标签的开放式架子和玩具收纳箱……有额外的材料可以充实或改变兴趣区"[②]。关于户外大肌肉活动场所，则更倾向材质的多样性。户外场所地面铺设了不同的物料（如沙子、柏油、木屑、草皮），可以进行不同类型的游戏。户外活动场所有一些防御恶劣天气的设施，例如，夏天有遮阴，冬天有阳光，有防风篱笆和良好的排水系统。空间有方便使用的特点（例如，靠近厕所和饮水区，储存的器材容易取用，有直接通道通到户外）。[③]

其实，两个版本在空间与设施方面的差异不是很大（如下表2-1），在ECERS-3中，将前者的"休闲和舒适的设施"与"室内游戏空间规划"合并成为"游戏和学习空间规划"。从这种描述方式可以看出，ECERS-3是更加强调学习行为的。在ECERS-3中，对于"私密空间"指标做了调整，其"优秀"描述是"当幼儿想独自玩的时候，教师鼓励（非强迫）幼儿将材料转移到指定的私密空间"。可见，ECERS-3是更加强调幼儿、环境、教师三者之间的交融互动，更多从"教师是如何使用这些材料来激发幼儿的学习""幼儿是如何使用这些材料来实现自身的发展"等角度进行评估。

除了针对2～2.5岁儿童的ECERS量表，还有《婴幼儿学习环境评量表》（ITERS），它是国际范围内应用非常广泛的0～3岁婴幼儿托育机构质量评价工具。与ECERS一样，该量表从ITERS到ITERS-3，也是经历了3个版本的发展与演变。它主要对托育机构中影响婴幼儿学习的一切外部条件进行观察评价，包括结构性学习环境（如空间与设施、活动室规划、儿童陈列品、活动材料等）和过程性学习环境（如日常照料、师幼互动、课程及教学等）。

---

① Thelma Harms，Richard M.Clifford，Debby Cryer. 幼儿学习环境评量表［M］.华东师范大学出版社，2015.

② Thelma Harms，Richard M.Clifford，Debby Cryer. 幼儿学习环境评量表［M］.华东师范大学出版社，2015.

③ 单杰，梅洪元. 基于具身认知的儿童交互空间设计研究［J］.建筑学报，2021（S01）：6.

表2-1 ECERS-R与ECERS-3在空间与设施方面的对比

ECERS-R	ECERS-3
1.室内空间 2.日常照料、游戏和学习设施 3.休闲和舒适的设施 4.室内游戏空间规划 5.私密空间 6.儿童陈列品 7.大肌肉活动空间 8.大肌肉活动器材	1.室内空间 2.日常照料、游戏和学习设施 3.游戏和学习空间规划 4.私密空间 5.儿童陈列品 6.大肌肉游戏空间 7.大肌肉活动设备和活动

为每一位幼儿提供优质的早期教育以促进其的发展要求、质量评估和提升面向更大的范围，联合国教科文组织、世界学前教育组织与各国的研究者、政府官员、NGO组织及多方利益相关者共同研发了新型的幼儿园（班）教育质量的工具——《早期学习环境评量表》（Measurement of Early Learning and Environment，简称MELE）。[1]2016年，MELE工具和手册公布，供全球免费使用。该量表也强调了环境的重要性。环境是指班级的物理环境。物理环境要关注儿童的安全以及发展所需的空间材料。安全包括环境的健康卫生，在紧急或意外事件中有对儿童的保护措施。空间材料是指儿童的游戏空间和材料充足，能够为师幼或幼儿同伴之间提供频繁的互动机会，且材料与儿童的文化紧密相关。总之，这种安全的环境要为儿童提供身体发育、探索、互动和游戏的条件和机会，为儿童和教师带来归属感和幸福感。另外，尽管"安全"的重要性是全球公认的，但各国对"不安全"的界定可能不同，因此还要根据文化和地区的实际情况进行具体界定和举例。[2]

高瞻教育研究基金会（High/Scope Educational Research Foundation）开发了项目质量评价工具——《学前教育机构质量评价系统》（Preschool Program Quality Assessment，简称PQA）。《学前教育机构质量评价系统》（PQA）中关于幼儿园环境评价同样也是强调了对全体儿童的关注和对个体

---

[1]刘海丹，梁入文，周兢.让每位幼儿都享有优质教育——《早期学习环境评量表》的背景、结构和启示［J］.外国教育研究，2020.

[2]刘海丹，梁入文，周兢.让每位幼儿都享有优质教育——《早期学习环境评量表》的背景、结构和启示［J］.外国教育研究，2020.

差异的尊重，特别是特殊儿童。①

除了上述较为综合性的量表，还有一些集中某一领域的量表，比如《运动环境评价量表》（Movement Environment Rating Scale，简称MOVERS），是目前国际上较新的、专用于评价2～6岁幼儿教育机构中运动环境质量的工具。它包含对托幼机构中运动设备、教师指导、家长参与、运动与其他学习领域的联系等方面的评价，可以较全面地评价幼儿运动的物质与精神环境。除了有关运动的量表，还有针对语言领域的工具。例如史密斯与布拉迪等人研制的《早期语言与读写班级观察工具》（Early Language & Literacy Classroom Observation，简称ELLCO）。该工具适用于幼儿园到小学三年级的班级语言与读写环境质量的观察。该工具在2002年发布了第一版，2008年发布了第二版。后者将班级语言与读写环境质量分为两大领域，从班级整体环境质量到具体的语言与读写环境质量进行观察与评价。②

2022年2月10日，我国教育部颁发了《幼儿园保育教育质量评估指南》，再次强调了以儿童为本的基本原则。环境创设是评估指南的五个方面之一，其包括空间设施、玩具材料两项关键指标，旨在促进幼儿园积极创设丰富适宜、富有童趣、有利于支持幼儿学习探索的教育环境，配备数量充足、种类多样的玩教具和图画书，有效支持保育教育工作科学实施。可见，在环境创设方面，不仅空间设施重要，拥有充足的玩教具、图画书等材料以支持幼儿的有意义学习同样重要。除了环境创设方面，保育与安全方面的安全防护指标中，明确指出"保教人员应该具有安全保护意识，做好环境、设施设备、玩具材料等方面的日常检查维护，及时消除安全隐患"。这一点也涉及了物理环境的安全问题。

2. 幼儿园精神环境

国际上涉及精神环境的量表也有很多。比如英国的《持续共享思维与情绪情感健康量表》（Sustained Shared Thinking and Emotional Well-being

①黄爽，霍力岩.美国《学前教育机构质量评价系统》的特点及其启示［J］.外国中小学教育，2018.

②张含雨，金依恋，汪子幸，刘宝根.幼儿园班级语言与读写环境质量评价工具研究述评［J］.幼儿教育，2020.

Scale，简称SSTEW）适用于2~5岁儿童的保教机构。[①]该量表涵盖了持续共享思维和社会情绪情感健康，包含了促进信任感、自信心和独立性的增长，社会性和情绪情感健康，支持并拓展语言和沟通能力，支持学习和批判性思维以及评估和学习语言5个子量表以及具体的14个项目。其中的持续共享思维是指两个或更多的人以智力合作的方式来解决问题、澄清概念等。参与人必须对问题的解决作出贡献，使思维得以发展。SSTEW注重儿童通过与他人的互动以支持其情绪健康、自我调控和专注思考，特别关注儿童个体内心世界的感情诉求。

又如被广泛应用的课堂评估评分系统（Classroom Assessment Scoring System，简称CLASS），是美国皮安塔教授和哈默教授领衔团队开发的一套观察工具，适用于评价学前至12年级的课堂师生互动质量。CLASS量表评价的学前教育质量中最核心的要素是师幼互动。CLASS评价分为情感支持、班级管理和教育支持3个领域。这3个领域均属于以儿童为中心的精神环境的范畴。首先，无论是在什么环境中，情感支持都非常重要。自我决定论认为人的发展离不开联结，即个人所能得到的情感支持。当一个儿童与家长、老师和同伴关系密切时，他/她会觉得自己是有能力的人，与周围环境关系密切可以使他/她的学习动机更强，学业表现更好。其次，儿童在管理良好的环境中会有更好的表现，发展也会更为出色。当儿童积极有效参与到活动中，他们可以取得更多成就，而不是在无效管理的时间中消极地等待。最后，儿童虽然天生有学习的动机与倾向，但学习与发展是需要成人指导的。根据维果茨基的最近发展区理论，儿童的发展有一个限度，需要他人在其发展限度内提供支架，以推动儿童去往下一个最近发展区。在其周围的环境中，如果教师能够提供有效的教学支持，那么儿童就会向更高水平发展。

同样，在我国教育部颁发的《幼儿园保育教育质量评估指南》[②]中，办园方向、教育过程和教师队伍方面均有涉及精神环境的建设。在办园方面，思想启蒙关键指标中，分别强调了"创设温暖、关爱、平等的集体生活氛

---

① Siraj，I.Kingston，Damp，E.Melhuish.持续共享思维和情绪健康（SSTEW）评量表［M］.詹朱珊，译.香港：耀中出版社，2019.

② 幼儿园保育教育质量评估指南.http：//www.moe.gov.cn/srcsite/A06/s3327/202202/t20220214_599198.html.

第二章 中国传统文化视域下环境创设概述

35

围，建立积极和谐的同伴关系"和"培育幼儿爱父母长辈、爱老师同伴、爱集体、爱家乡、爱党、爱国的情感"；在科学理念这个关键指标中则指出应该"充分尊重和保护幼儿的好奇心和探究兴趣，相信每一个幼儿都是积极主动、有能力的学习者，最大限度地支持和满足幼儿通过直接感知、实际操作和亲身体验获取经验的需要"；在教育过程方面，在师幼互动的关键领域，分别从教师和幼儿两个角度指出："教师保持积极、乐观、愉快的情绪状态，以亲切和蔼、支持性的态度和行为与幼儿互动，平等对待每一名幼儿。幼儿在一日活动中是自信、从容的，能放心大胆地表达真实情绪和不同观点"；在教师队伍方面，也提到了教师"协同学习、相互支持的良好氛围"及教职工的"归属感和幸福感"。可见，成人的互动和人际关系，也是影响教育保育质量的重要因素。

（三）以儿童为中心的社区及城乡环境

以儿童为中心的社区及城乡环境，也是影响儿童的重要环境。物质环境方面包括儿童玩耍的空间（如游乐场等）、儿童的服务单位（如儿童图书馆、儿童医院等）和一些细节（如电梯按钮的高度、公交车按钮、扶手的高度等）。就精神环境方面，人与人之间的信任、礼貌、友善，都会潜移默化地影响儿童。特别是对于留守儿童，其精神层面的需求更应被关注。

提到以儿童为中心的社区及城乡环境，就不得不提到一个概念，那就是"儿童友好型城市"（Child Friendly City，简称CFC）。早在1996年，联合国儿童基金会（United Nations Children's Fund，简称UNICEF）和当时的联合国人居中心（UN Commission On Human Settlements，简称UNCHS，2002年调整更名为联合国人类住区规划署United Nations Human Settlements Programme）共同发起"儿童友好型城市"（Child Friendly City，简称CFC）建设的全球倡议。儿童友好型就是对儿童友善友好，儿童可以容易体验文化的丰富，感受到无差别的对待和备受关心鼓舞与呵护的健康的环境[①]。"儿童友好型城市"要求政府在城市所有方面全面履行儿童权利公约，不论是大城市、中等城市、小城市或者社区，在公共事务中都应该给予儿童政治优先

① 丁宇.儿童空间利益与城市规划基本价值研究［J］.城市规划学刊，2009（7）：177—181.

权，将儿童纳入决策体系中。2002年，联合国儿童问题特别会议文件《适合儿童成长的世界》中要求各成员国做出将儿童的利益置于首位，致力于发展有利于其居住的城市与社区的承诺。考虑到文化制度等方面的差异性，联合国儿基会并未制定统一的创建标准，但是"儿童友好型城市"倡议提出至今，全球已有3000多个城市和社区参与其中。比较知名的"儿童友好型城市"有丹麦哥本哈根、德国慕尼黑、日本大阪、加拿大多伦多、美国丹佛，等等。

2021年10月，国家发展改革委联合众部委发布了《关于推进儿童友好型城市建设的指导意见》，该意见指出："儿童友好是指为儿童成长发展提供适宜的条件、环境和服务，切实保障儿童的生存权、发展权、受保护权和参与权。建设儿童友好型城市，寄托着人民对美好生活的向往，事关广大儿童成长发展和美好未来"；还指出，"儿童友好要求在社会政策、公共服务、权利保障、成长空间、发展环境等方面充分体现"。[1]就场域的不同可以分成儿童友好型城市、儿童友好型乡村、儿童友好型社区。

有学者认为，乡村休闲旅游中儿童友好型空间设计的目的是为儿童提供安全稳定、寓教于乐、寓教于游的娱乐环境，建立安全可控性、舒适共享性、多元高效性、创新交融性、生态融合性的儿童友好型空间，认为这种做法有助于城乡共同富裕的实现、农民文化素养的提升和学校研学综合能力的提高。[2]还有学者基于儿童友好型社区（Child-friendly Community）的概念打造婴幼儿友好社区（Baby-friendly Community）。该社区以尊重并赋予婴幼儿权利为基础，从社区政策、服务与空间环境等方面，为婴幼儿提供满足其健康成长及天性需求的社区。[3]该社区不仅应该关注婴幼儿生活、学习与游戏，还要满足家庭对物质空间和精神支持的需求[4]。

---

[1] 关于推进儿童友好城市建设的指导意见.http: //www.gov.cn/zhengce/zhengceku/2021-10/21/content_5643976.htm.

[2] 张心伟，宋雪茜，孙晓东.基于乡村休闲旅游中儿童友好型空间设计的研究［J］.农业农村部管理干部学院学报，2020.

[3] 文若予，巫筱媛.建设婴幼儿友好社区：经验与启示［J］.陕西学前师范学院学报，2022.

[4] 李晓巍，刘倩倩，王梦柯.幼儿家庭教育的社区支持指标体系：构建与应用［J］.教育学报，2019.

在实践层面，学校、医院、社区、图书馆等公共空间是儿童友好型城市建设的重点。国家发展改革委联合众部委发布了《关于推进儿童友好城市建设的指导意见》后，深圳、苏州、成都、重庆、长沙等城市相继出台了儿童友好型城市建设方案。很多城市都有了非常好的尝试。

第四节　传统文化视域下以儿童为中心的环境创设策略

《中庸》云："致中和，天地位焉，万物育焉。"此语道出了中庸之道的精髓，即追求一种与自然趋势相契合的和谐秩序，它是中华传统文化的璀璨瑰宝。这种秩序并非人为强加，而是源于对自然之道的深刻理解和顺应，旨在实现万物的和谐共生与完美融合。在进行环境创设时，我们同样需要深入领会并合理把握中庸之道所蕴含的智慧。环境创设并非简单的空间布局和美化，而是需要综合考虑多种因素，妥善处理各种矛盾，以达到人与自然、人与社会、人与人之间的和谐统一。

一、物质环境层面

（一）水平有大小，垂直有上下，空间有公私

不同功能的区域，对于空间大小的需求各有不同。例如安静阅读的空间，小巧而精致，只需一处宁静、明亮的角落，配上舒适的座椅，便能满足孩子们沉浸书海的愿望。建构区则截然不同，特别是大积木的建构区，需要更为宽敞的空间，让孩子们能够自由发挥，尽情搭建他们心中的城堡与乐园。

在空间的垂直分布上，上与下的界线并非一成不变。巧妙地利用垂直高度差进行区域划分，能为空间赋予更多的层次与变化。例如，某些幼儿园受限于面积，无法为每班设置独立的睡房。于是，在活动室内，采用木制平台的方式，精心打造睡眠区域。这不仅解决了睡眠区域的潮湿问题，更为孩子们提供了一个充满乐趣的运动平台。合理的平台高度能够有效预防低龄儿童坠床。孩子们乐于在平台上跳跃，无形中增加了他们的运动量，让空间焕发出无限的活力。

公共与私密空间的规划更是需要以儿童为中心，充分考虑他们的需求与感受。一些孩子钟爱楼梯下或是滑梯下的小角落，这些空间虽然不大，却能满足他们对于私密性的渴望。树屋（图2-6）的设计更是深受孩子们的喜爱，它为他们提供了一个专属的、成人无法进入的空间，让他们在其中感受到安全与自得。这种专属感有助于儿童建立自我意识，更深入地了解自己。马克斯·范梅南认为，儿童在隐蔽的秘密空间会觉得安全，会无限接近心中的自我，会更熟悉自己，对自己有亲近感，并且可以体验日益强烈的自我意识。[1]Carie Green认为儿童在秘密空间有机会从事自己的游戏活动，锻炼创造力，并获得自治；儿童还能体会到安全感和舒适感。廖玲就儿童的秘密空间与儿童进行了深入访谈，研究认为，儿童眼中理想的秘密空间是可以容纳3~6个孩子的，色彩应该柔和，秘密空间的位置应在一个相对封闭的场地，秘密空间里面的材料应该对他们有一定的挑战性。[2]同时，矮墙的设计也是一种有效地打造私密空间的方法。它既能满足儿童的私密性需求，又能方便成人执行监管功能，确保孩子们在安全和舒适的环境中成长。

综上所述，在规划不同功能的区域时，需要综合考虑空间大小、垂直分布以及公私空间的平衡，以创造一个既实用又充满趣味性的儿童成长环境。

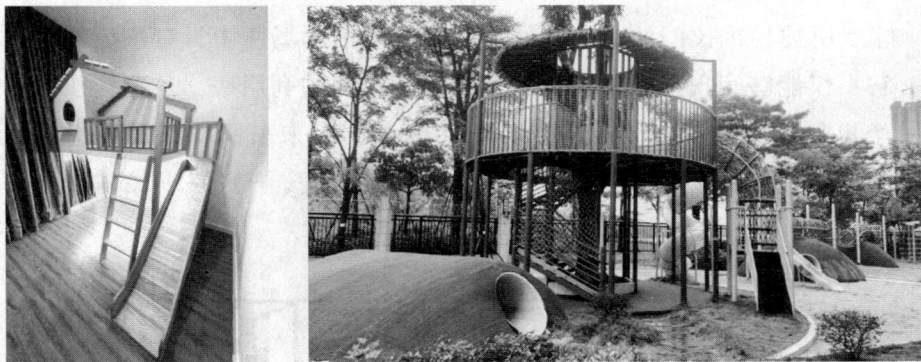

图2-6　室内、室外的树屋

①［荷］马克斯·范梅南，［加］巴斯·莱维林.儿童的秘密——秘密、隐私和自我的重新认识［M］.曹赛先，等译.北京：教育科学出版社，2004.

②廖玲.儿童眼中的幼儿园秘密空间［D］.成都：四川师范大学，2015.

（二）固定与灵活，各有其用，相辅相成

儿童是不断成长与变化的个体，他们所处的环境同样需要不断变化，保持新鲜与活力。一成不变的空间布局往往会让儿童感到单调乏味，而经常变换布置则能给他们带来更多的惊喜与探索的乐趣。

推拉门作为一种巧妙的空间设计元素，极大地增加了空间变换的灵活性。尤其是在室内与室外的空间分隔上，推拉门的运用能够实现空间的无缝连接，使得原本独立的区域融为一体。在幼儿园的环境中，推拉门的设计尤为实用。当推拉门闭合时，它可以是一个独立的班级活动室，为孩子们提供一个安全、私密的学习与游戏空间。当推拉门打开时，它又能迅速扩展成一个更为开阔的活动区域，让孩子们能够尽情奔跑、玩耍，释放天性。这种设计不仅让空间变得更加灵动，还提高了空间的利用率，让有限的空间发挥出最大的价值。即便是在雨雪天气，推拉门的设计也能确保孩子们拥有足够的活动空间。通过灵活调整门的开关状态，我们可以在保障孩子们安全的前提下，为他们提供一个与自然更亲密接触的机会。此外，推拉门的使用还有助于改善室内的空气流通状况。在封闭的空间中，空气往往容易变得沉闷，不利于儿童的身体健康。推拉门的开启可以让新鲜的空气自然流入，为孩子们营造一个更加舒适、健康的学习与生活环境。

综上所述，推拉门的设计在幼儿园等儿童活动场所中具有广泛的应用前景。它不仅能够实现空间的灵活变化，提高空间的利用率，还能为孩子们创造一个更加健康、舒适、有趣的环境。因此，在未来的空间设计中，我们应该更加注重推拉门等灵活设计元素的运用，为孩子们的成长创造更多可能性。

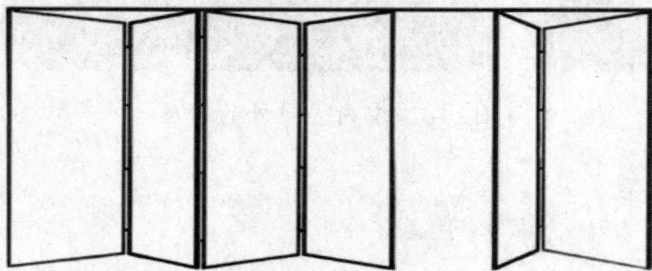

图2-7　推拉门示意图

（三）动静相宜，平衡共生

动与静，在空间规划与环境设计中，呈现出多重含义与深远影响。首先，从空间划分的角度来看，动与静体现了不同活动区域对声音环境的独特需求。图书馆需要静谧的氛围以便读者沉浸于书海，而游乐场则充满欢声笑语，为孩子们提供欢乐的空间。因此，在规划空间时，我们需要精心考虑各个区域的布局，确保不同活动区域之间的声音互不干扰。例如，看书的角落与乐器表演的区域不宜相邻，以免嘈杂的声音影响阅读体验。阅读区、益智区、科学区等较为安静的区域则可以相互毗邻，形成一个宁静的学习与思考空间。对于儿童绘本馆这类特定场所，选址也需格外注意。喧闹的商场人流众多，并非理想的选址地点，除非采取有效的隔音措施。这是因为儿童需要一个安静、专注的环境来阅读和学习，而商场的嘈杂声很可能会分散他们的注意力。

除了空间划分，环境装饰的动与静也是设计中的重要考量因素。一个富有创意和互动性的环境能够激发儿童的好奇心和探索欲望。例如，一面可供儿童随意涂鸦的黑板墙或积木墙，不仅为孩子们提供了一个发挥创意的平台，还能让他们在玩耍中学习到更多的知识和技能。然而，这并不意味着所有静止的装饰都是错误的。比如，在设计提示性装饰时，我们需要避免将其过于游戏化或动态化。如果设计成可玩性的提示，儿童就可能会过于关注玩耍而忽略了提示本身的意义，导致拥堵、抢夺等不良现象的发生。适当的静态装饰，如上下楼梯勿嬉闹的图片，可以放在关键位置提醒儿童注意安全，起到有效的示范作用。因此，在追求环境互动性的同时，我们也需要确保装饰的实用性和教育性，使其既能够吸引儿童的注意力，又能够发挥应有的提示功能。

综上所述，动与静在空间规划与环境设计中具有多重含义和重要作用。我们需要根据不同场所和活动的需求，巧妙运用动与静的元素，打造出一个既美观又实用的空间环境，为儿童提供一个安全、舒适、富有创意的学习和成长空间。

（四）室内之静与户外之动的和谐平衡

户外环境对于儿童的成长具有不可或缺的重要性，它不仅是儿童进行大肌肉运动的关键场所，更是满足他们心灵与情感需求的重要空间。爱德华·威尔逊提出的"亲生命假说"（biophilia hypothesis）深刻揭示了人类与自然的紧密联系，强调了人类天生对自然的亲近感和对其他生命形式的情感联结需求。然而，随着城市化进程的加速，儿童与自然的接触机会逐渐减少，这无疑对他们的健康成长构成了威胁。

现代儿童往往被局限于室内，被水泥钢铁包围，被电子屏幕吸引，他们比以往任何时候都更需要与大自然建立联系。因此，为儿童提供充足的户外活动时间和空间显得尤为重要。这不仅能够满足他们身体运动的需求，还有助于促进心灵的健康发展。

然而，在一些地区，由于自然条件的限制，土地面积有限，这给户外空间的设计带来了挑战。但即使在有限的空间内，我们也可以通过巧妙的设计，如利用屋顶空间等方式来增加儿童的运动量，满足他们的活动需求。同时，户外空间的设计还应注重绿植的引入。绿色景观不仅能够美化环境，还能提高儿童的专注力。研究表明，植物园内50分钟的散步可使被试者的专注力提高20%。这一效果相当于临床上一剂治疗注意力障碍药物的功效，如利他林等；另一项针对患有注意力缺陷多动障碍（Attention Deficit and Hyperactive Disorder，简称ADHD）的儿童进行的研究表明，患儿在公园散步，相比在市中心或住宅附近散步，其专注力更能得到显著的提高。因此，在户外空间中增加绿植的覆盖，可以为儿童提供一个更加宜人的活动环境，有助于他们的学习和成长。

总之，应该充分认识到户外环境对儿童成长的重要性，并在设计和规划过程中充分考虑儿童的需求和特点。通过巧妙利用空间、增加绿植覆盖等方式，为儿童打造一个既安全又有趣的户外空间，让他们在与自然的互动中健康成长。

（五）自然与人工的和谐共生

大地，作为人类的母亲，孕育着我们，并给予我们无尽的恩赐。沙子和泥土，这些看似平凡的自然材料，却可以带给孩子们无尽欢乐的童年和创造力。它们不仅是孩子们游戏的伙伴，更是引导他们走进自然、感悟生命的桥梁。在安吉、利津等地我欣喜地看到，玩沙和玩泥的区域成了孩子们的天堂。他们在这里全神贯注，用稚嫩的小手塑造出一个个奇妙的世界。这种与自然的亲密接触，不仅让孩子们感受到了大地的温暖和包容，更激发了他们内在的创造力和想象力。

遗憾的是，生活中仍有许多看护者并不接受孩子玩沙子和泥土的行为。他们担心孩子弄脏衣物，或者害怕孩子受伤。但殊不知，这些担忧实际上剥夺了孩子们亲近自然、体验自然的机会。

为了让孩子们能够更好地成长，我们应该鼓励他们去接触这些天然的材料。户外活动场所的材质多样性，不仅能为孩子们提供丰富的游戏体验，还能让他们在各种环境中学会适应和探索。无论是柔软的沙子、粗糙的柏油，还是细碎的木屑、柔软的草皮，每一种材质都能带给孩子们不同的触感和启发。同时，我们也应该为户外活动场所提供一些防御恶劣天气的设施。在炎炎夏日，一片树荫能让孩子们在清凉中尽情玩耍；在寒冷冬季，一缕阳光则能温暖孩子们的心灵；防风篱笆和良好的排水系统，则能确保孩子们在任何天气下都能安全、舒适地享受户外活动的乐趣。ECERS-R中也建议户外活动场所材质需要多样性。①

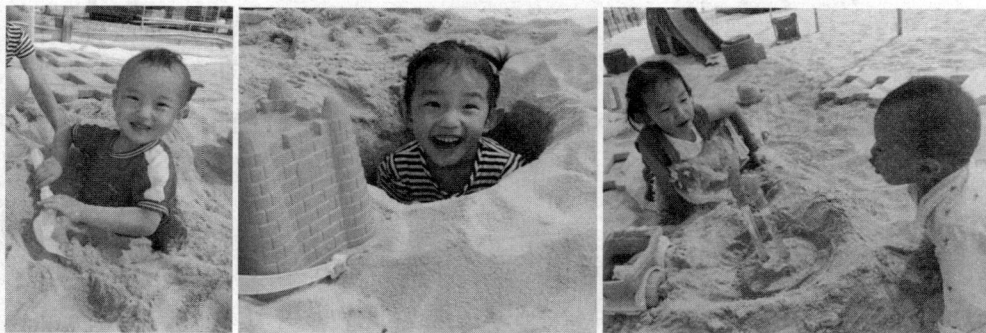

图2-8　沙子的"魔力"

我居住的地方曾有一片沙池，那是我家孩子最爱的地方，他们拎着小桶、小铲子冲向沙池，每每不愿离开。我曾无数次看到其他孩子眼中羡慕的眼神，看到很多孩子在沙池外来回徘徊，也曾有小朋友大着胆子跳进沙池，但隔一会儿就会被家人呵斥。记忆犹新的一次，是一个奶奶厉声呵斥自己家刚刚坐在沙子上的孩子。那呵斥的声音高亢又严厉，我也被吓了一大跳。我

①Thelma Harms，Richard M.Clifford，Debby Cryer. 幼儿学习环境评量表［M］.华东师范大学出版社，2015.

家孩子未曾见过那样的场面，吓得躲到我怀里。伴随着那个可怜孩子哇哇的哭声，我不禁难过起来。在物质如此丰富的今天，很多人却被迫切断了与大自然的联系。然而，更让我伤心的是，没过多久，那片给过我们很多快乐的沙池因被太多人投诉而被填平。沙坑虽然可以被填平，但无法填平儿童对沙子的热爱与渴望。

（六）装饰繁与简的平衡之美

美国卡耐基·梅隆大学心理学系与统计学系的Anna V. Fisher、Karrie E. Godwin、Howard Seltman的研究深入探讨了幼儿的视觉环境、注意力分配与学习之间的关系，他们通过精心设计的实验，得出了令人深思的结论：装饰繁多的教室环境会延长幼儿的分心时长，进而降低学习效果。这一发现为我们研究儿童学习环境提供了重要的科学依据。这一结论对环境创设具有重要的指导意义。过多的装饰物不仅增加了教师的课后负担，更关键的是，它们可能会分散儿童的注意力，进而影响学习效果。这与建筑大师路德维希·密斯·凡德罗提出的"少即多"的设计理念相契合。这一理念强调在设计时应注重简约，避免过度装饰，以突出主体，营造舒适的空间感。同时，我国传统的留白艺术也体现了类似的思想。留白并非空洞无物，而是给予观赏者无限的想象空间，激发他们的思维，丰富艺术作品的精神内涵。留白艺术不仅在传统中国艺术中占据重要地位，在现代的平面设计、室内设计中也得以广泛应用。

在儿童的学习环境中适度运用留白艺术，符合儿童的认知特点，不仅可以突出环境的主要元素，营造层次感，还能为儿童提供足够的想象空间，激发他们的创造力和增加他们的参与感。

因此，在创设儿童环境时，我们应遵循"少即多"的原则，避免过度装饰，适度留白，为儿童提供一个既美观又实用的学习空间。这样的设计不仅符合科学规律，也体现了对儿童成长发展的尊重与关怀。

（七）安全与挑战并存

《藤幼儿园的秘密》里面有两句话特别经典："会从树上掉下来的孩子，一开始就不会选择去爬树"和"孩子们知道自己能够达到的极限"。这两句话深刻揭示了儿童成长过程中的自主性与挑战性。孩子们在选择爬树这一活动时，实际上是在评估自己的能力与极限，他们知道自己能够做到什么程度，这种自我认知是他们成长过程中的重要部分。爬树，作为一项具有挑战性的活动，不仅是一项生存技能，更是孩子们与大自然建立联系、挑战自我、锻炼勇气与自信的重要途径。众多顶尖学府开设爬树课，正是看到了爬树对于培养学生综合素质的积极价值。它不仅仅是一项技能的学习，更是一次心灵的历练。同样，生活中还有许多其他挑战性运动，这些运动对于儿童的成长同样具有重要意义。它们能够增强儿童的体质，提高免疫力，丰富他们的精神与文化生活，调节情绪，缓解压力，促进心理与情感的健康发展。

若想要儿童充分参与挑战性运动，成人必须树立以儿童为中心的理念。这意味着我们需要真正信任儿童，相信他们的能力，不过分保护，而是在保证安全的前提下，给予他们足够的挑战空间。只有这样，儿童才能在这些运动中真正得到成长和锻炼。随着城市的发展，儿童的活动空间逐渐缩小，这无疑限制了他们参与挑战性运动的机会。因此，我们更需要关注并发展幼儿的挑战性运动关键经验。[①]这不仅能够提升他们的身体运动能力，还能培养他们的心理品质，如勇敢、自信、不怕困难等。

在幼儿教育中，我们应当充分利用各种资源，为儿童创造更多的挑战性运动机会。在《培养卓越儿童：幼儿教育中的瑞吉欧教学法》一书中强调了环境应该鼓励运动。儿童是需要消耗体力的，如果是雨雪天气，个别儿童仍需要运动，那么用于攀登、爬行和跳跃的室内设备就是必不可少的。[②]无论是户外的大型运动设备，还是室内的攀爬、跳跃设施，都应成为孩子们挑战自我、锻炼能力的乐园。同时，我们还应该关注儿童的个体差异，根据他们的兴趣和特点，提供个性化的运动方案，让每个孩子都能在挑战中找到自己的成长点。总之，挑战性运动是儿童成长过程中的重要组成部分，应该尊重儿童的自主性，为他们提供足够的挑战空间，让他们在运动中锻炼能力，提升品质，享受成长的快乐。

---

① 邹红英.幼儿挑战性运动关键经验的内涵、特征与教育价值［J］.学前教育研究，2019.

② ［美］安·卢因-贝纳姆.培养卓越儿童：幼儿教育中的瑞吉欧教学法［M］.叶平枝，等译.北京：中国轻工业出版社，2022.

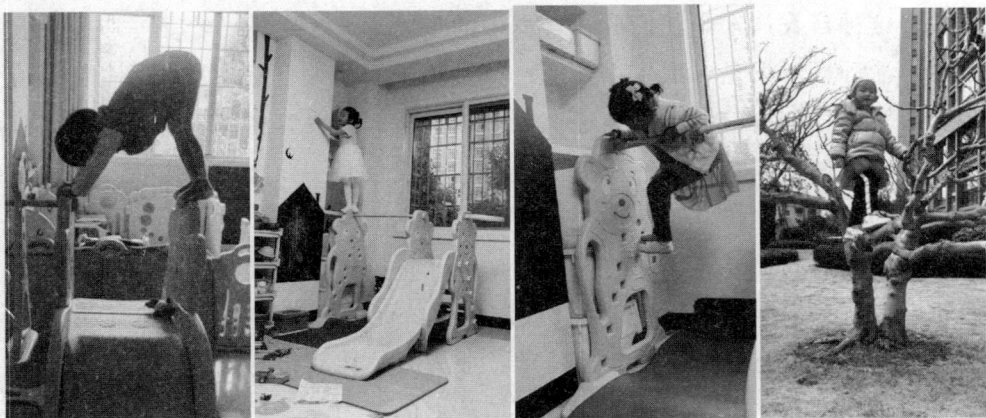

图2-9　我的极限我做主

（八）丰富材料的可见与隐藏

　　丰富材料对于促进儿童的发展至关重要，儿童的百种语言需要丰富的材料作为支撑。为儿童提供丰富的材料已经成为共识，但是如何呈现材料却是一门学问。在《培养卓越儿童：幼儿教育中的瑞吉欧教学法》中提到丰富材料的储存空间要可见、可进入，以培养儿童有目的使用环境的能力。当空间比较狭小时，应该应用有限制性的设计和巧妙的存储系统。[①]一个理想的存储系统应该充分考虑儿童的视角和使用便利性，让他们能够轻松拿取和放回材料。同时，为了培养儿童的责任感和自主性，可以让他们参与讨论并确定收纳方式。这样，儿童不仅能更好地理解整理的重要性，还能在执行过程中增强自我胜任感。比如建构区材料的分类收纳方面，按颜色或按大小都是可行的分类方式，但更重要的是要听取儿童的意见。他们可能会提出更具创意和实用性的分类方法，比如按形状、功能或他们喜欢的特定主题进行分类。通过讨论和协商，最终确定的收纳方式应该既符合儿童的认知特点，又便于他们实际操作。

　　同时，安全始终是首要考虑的因素。对于那些出于安全考虑不适合对儿童开放的材料，必须采取适当的隐藏或控制措施。例如，可以使用带有锁的

　　① ［美］安·卢因-贝纳姆.培养卓越儿童：幼儿教育中的瑞吉欧教学法［M］.叶平枝，等译.北京：中国轻工业出版社，2022.

柜子或抽屉来存放这些材料，只有经过授权才能打开。此外，还可以通过设置警示标志、进行安全教育等方式，提醒儿童远离这些潜在的危险物品。

总的来说，一个理想的存储系统对儿童是友好、安全可靠的，并且能够充分体现儿童的主体地位。通过让儿童参与讨论和决策，我们可以更好地满足他们的需求，促进他们的全面发展。

（九）传统与现代

传统与现代的权衡在环境创设中确实是一个至关重要的原则。英格尔斯在《走向现代化》中，强调了现代人在理解和珍视历史遗产价值的同时，要注重为传统注入新的生命力和存在形式。这一理念在环境创设中具有深刻的指导意义。

首先，要赋予传统新的生命力，环境设计者需要深入研究传统文化的精髓，理解其内在的价值和意义。通过对传统文化的深入挖掘，设计者可以提取出具有代表性和象征性的元素，如传统的图案、色彩、材料、工艺等，并将其巧妙地融入现代环境设计中。这样不仅可以保留传统文化的独特魅力，还可以为其注入现代审美和实用性，使其在现代社会中焕发出新的光彩。

其次，让传统自然而然地流淌于现代的环境中，需要环境设计者具备高超的美学修养和创新能力。美学修养使设计者能够敏锐地把握传统与现代的审美差异和融合点，从而在设计中实现两者的和谐统一。创新能力则使设计者能够突破传统的束缚，以全新的视角和手法来呈现传统文化，使其在现代环境中焕发出新的活力。

最后，环境设计者还需要关注现代社会的需求和趋势，以及人们的审美趣味和生活方式。通过深入了解现代社会的文化背景和价值观念，设计者可以更好地把握传统与现代之间的平衡点，创造出既符合现代审美又蕴含传统文化内涵的环境作品。

在具体实践中，环境设计者可以通过多种方式来实现传统与现代的融合。例如，在室内设计中，可以运用传统的装饰元素和工艺手法来营造具有地域特色和文化氛围的空间；在景观设计中，可以借鉴传统的园林艺术手法来打造具有自然美感和人文底蕴的景观环境；在建筑设计中，可以结合传统的建筑形式和现代的材料技术，创造出既具有历史感又符合现代功能需求的建筑作品。

总之，传统与现代的权衡是环境创设中的重要原则。通过深入研究传统文化、提升美学修养和创新能力、关注现代社会的需求和趋势等方式，环境设计者可以赋予传统新的生命力，让传统自然而然地流淌于现代的环境中，从而创造出具有独特魅力和文化内涵的环境作品。

二、精神环境层面

（一）无条件地信任、尊重、关爱每一个生命，包括特殊儿童

以儿童为中心的理念确实要求成人充分信任、尊重、关爱每一个儿童，不论他们的发展速度如何。对于有特殊需求的儿童，这一理念显得尤为重要。特殊儿童的数量正在递增，这一现象不仅在国外存在，国内也同样面临这样的挑战。因此，对特殊儿童的关照和支持已经成为教育领域的重要议题。正如美国的《幼儿学习环境评量表（修订版）》（Early Childhood Environment Rating Scale-Revised，简称ECERS-R）所体现的，每一个具体的标准都考虑了特殊儿童的保育和管理，这显示了美国教育界对特殊儿童教育的高度重视。[1]

同样，我国也在积极推进融合教育，努力为特殊儿童创造更好的教育环境。《幼儿园保育教育质量评估指标》中明确指出，要重视有特殊需要的幼儿，创造条件让他们参与班级的各项活动，并给予必要的照料。这不仅有利于特殊儿童的发展，还能促进普通儿童的社会性和情感发展。除了教育机构，有特殊儿童的家庭也扮演着至关重要的角色。家庭应积极面对问题，早发现、早治疗，将损伤降到最低。这需要家庭成员具备一定的专业知识，了解特殊儿童的需求和可能面临的挑战，同时也需要他们有足够的耐心和爱心，为特殊儿童提供持续的支持和关爱。

总之，以儿童为中心的教育理念要求我们全社会共同努力，为每一个儿童，包括有特殊需求的儿童，提供平等、包容、友爱的教育环境。只有这样，我们才能真正实现教育的公平和普惠，让每一个儿童都能在关爱和支持下健康成长。

[1] Thelma Harms，Richard M.Clifford，Debby Cryer. 幼儿学习环境评量表［M］. 华东师范大学出版社，2015.

（二）看得见、读得懂、帮得到，为儿童提供发展适宜性教育

瑞吉欧创始人马拉古齐曾说过："儿童，由一百种组成。儿童有一百种语言，一百双手，一百种思想，一百种思维方式、游戏方式、说话方式。"马拉古齐的这段话深刻揭示了儿童的多元性和独特性。每个儿童都是独一无二的个体，他们拥有各自不同的思想、情感、兴趣和天赋。因此，教育儿童需要成人具备敏锐的洞察力和深厚的专业知识，以便能够真正了解儿童，发现他们的特点和需求，并为他们提供适宜的教育。

发展适宜性教育是确保儿童教育质量和效果的关键。它要求教育既要符合儿童的年龄特征，又要考虑他们的个体差异。这意味着教育者需要了解不同年龄阶段儿童的发展规律和学习特点，同时需要关注每个儿童的具体情况和需求。只有这样，才能确保教育内容与儿童的发展水平相匹配，教育方式能够激发儿童的学习兴趣和积极性。然而，要实现发展适宜性教育并非易事。儿童的父母和儿童相关从业者都需要不断学习教育知识，提升自己的专业素养。他们需要了解儿童心理学、教育学等方面的知识，以便更好地理解儿童和解读儿童的行为和需求。同时，他们需要具备灵活变通的能力，能够根据每个儿童的具体情况调整教育策略和方法。

此外，儿童教育需要全社会的共同努力。政府、学校、家庭和社会组织等各方应该加强合作，共同为儿童营造一个良好的成长环境。政府可以制定相关政策，保障儿童的受教育权利；学校可以提供优质的教育资源和教学支持；家庭可以给予儿童充分的关爱和陪伴；社会组织可以开展各种形式的教育活动和志愿服务，为儿童的成长提供更多的机会和平台。

总之，马拉古齐的这段话提醒我们，教育儿童需要用心去观察、去理解、去关爱每一个独特的个体。只有这样，我们才能真正做到因材施教，为儿童的全面发展提供有力的支持。

（三）建立成长型思维，正确、理智地激励儿童，促进其深度学习

在《终身成长：重新定义成功的思维模式》一书中，斯坦福大学心理学家卡罗尔·德韦克发现了思维模式的力量，认为我们获得的成功受到思维模式的影响。书中存在两种思维模式：固定型与成长型。只有用成长性模式看待问题，才能更好地达成人生和职业目标。思维模式决定了人们面对失败时

的复原力、面对挑战时的承受力、面对事业时所付出努力的多寡。①每一分每一秒，人们做的每一个选择都打上了自己采用的思维模式的烙印。因此，成人不但要建立成长性思维，还要培养儿童的成长性思维，拓展儿童的终身发展潜力。

成长性思维意味着对儿童的激励与鼓舞，但是如何正确地激励孩子，如何避免"你真棒"，成为困扰孩子一生的魔咒；同时，这也是一门学问。叶平枝认为教师激励性评价是儿童自我认知和自我效能感的源泉，可显著提高幼儿心理韧性。当儿童在学习活动中遇到困难时，成人敏锐觉察幼儿情绪状态的变化，通过激励性评价化解危机。不仅如此，教师的激励性评价还可以有效促进幼儿学习品质、提升师幼互动质量。激励性评价具体表现为：积极、让儿童自信、激发内在动机、强调过程、指向发展。②这也要求成人在评价时使用具体的描述，并在此过程中投入情感，富有教育智慧地进行评价。

深度学习并不是学习高深的理论知识，而是像叶平枝教授定义的那样，幼儿的深度学习是在有兴趣和问题解决的内在动机驱动下，主动积极地探究并解决问题，丰富和发展认知、情感、能力和个性，并将学习所得迁移到新情景中的一种学习。其特点包括：强内在动机、有意义学习、由情景带入、整体性学习、以核心素养为中心、以反思为中介。③儿童的深度学习，离不开物理环境的支持，也离不开成人的精神支持。

（四）终身成长、掌握幸福的成人

儿童的看护者和儿童教育从业者应有终身成长的能力。终身成长意味着能够汲取新的知识与技能，不断开创新的可能。美国埃里克·M.纳尔逊教授认为，良好的教育要求教师应该是能照顾好自己的，能利用一切来提高、学

---

① ［美］卡罗尔·德韦克.终身成长［M］.楚祎楠，译.南昌：江西人民出版社，2017.

②叶平枝.教师激励性评价对幼儿发展影响的实证研究［J］.教育科学研究，2022.

③叶平枝，等.幼儿深度学习课程设计与实施［M］.北京：教育科学出版社，2022.

习和成长的。①

儿童的学习与成长是一个全方位的过程，他们不仅从书本和教育中获取知识，更重要的是从身边的成人身上学习如何生活、如何感受、如何成为一个幸福的人。那些生活在儿童附近的成人，特别是看护者和儿童教育从业者，他们的幸福能力对于儿童的成长具有深远的影响。这种幸福力并非仅仅指物质上的丰富，而是指精神上的自足和感受幸福的能力。一个能够感受到幸福、传递正能量的成人，会无形中为儿童树立一个积极的榜样，使他们在成长过程中学会以乐观、积极的态度面对生活。英国古典经济学家边沁也强调了幸福与快乐作为人类终极关怀的重要性。同样，教育的终极价值也在于帮助人们实现这种幸福与快乐。儿童教育不仅仅是传授知识，更重要的是培养他们成为具有幸福感的人，能够感受到生活的美好，积极面对人生的挑战。

因此，围绕在儿童身边的成人，特别是那些负责教育和看护他们的人，需要不断提升自己的幸福力，成为儿童学习和模仿的榜样。他们应该积极传递正能量，用自己的言行去影响和感染儿童，让他们从小就学会如何感受幸福、追求幸福。

总的来说，幸福力与儿童教育紧密相连。一个幸福的成人可以培养出幸福的儿童，而一个幸福的儿童也将为未来的社会带来更多的正能量和幸福感。因此，我们应该重视成人的幸福力培养，为儿童的健康成长创造一个更加美好的环境。

（五）男性工作者的加入

当下社会对于男性儿童是否正在经历性别危机的担忧并非空穴来风。性别角色的形成和塑造是一个复杂而多元的过程，它不仅受到家庭、学校等微观环境的影响，还受到社会文化、媒体等宏观因素的制约。在这个过程中，儿童对于不同性别角色的模仿和学习起着至关重要的作用。

对于男性儿童来说，如果他们长期生活在主要由女性照顾的环境中，可能会缺乏与男性角色的接触和模仿，导致性别角色的单一化。这种单一化不

---

① ［美］埃里克·M.纳尔逊. 以儿童为中心的学习环境的设计与实施（室外课堂）［M］.北京：教育科学出版社，2017.

仅可能让他们对男性角色的认知产生偏差，而且可能影响他们未来对于性别角色的认同和表达。

然而，性别角色的形成并非一成不变，它可以通过多元化的环境和教育进行引导和塑造。如果家庭中有父亲的用心照料，幼儿园里有男性教师的陪伴，那么男性儿童就有更多机会接触和模仿男性角色，从而形成更加全面和多元化的性别认同。此外，这种多元化的性别角色教育对于儿童的成长和发展具有重要意义。它不仅能够让儿童认识到性别角色的多样性，还能够让他们学会尊重和接纳不同性别的人。这样的孩子长大之后，更有可能形成健康的性别观念，更容易获得家庭和社会的认可。

因此，我们应该重视儿童成长过程中的性别角色教育，为他们提供多元化的模仿对象和学习环境。同时，我们也应该尊重每个儿童的个性和选择，让他们在自由、平等、包容的环境中健康成长。

（六）友好、和谐的三种关系

以儿童为中心的精神环境，不仅仅包括儿童与成人的关系、儿童与儿童的关系，还包括成人之间的关系。家人之间的关系，无论是什么样态的家庭结构，是核心家庭、单亲家庭，还是三代及以上同堂的大家庭，只要是良性的关系，都可以滋养到儿童。除了家庭，教育机构亦是如此。儿童可以敏锐地捕捉到成人的不快，并将其认为是自己的问题所导致，从而背负不必要的心理负担。相反，融洽友爱的教师间的关系，不仅可以提升教师的工作能力，还可以间接影响到儿童的发展。

除此之外，和睦的同伴关系也非常重要。随着儿童年龄的增长，同伴关系的影响力将越来越大。和睦的同伴关系是儿童快乐的源泉之一。良好的友谊是儿童时代必不可少的精神财富。

在三种关系中最重要的是儿童与成人的关系，包括亲子关系、师幼关系、师生关系，其中以亲子关系最为重要。从业20多年的著名心理治疗师菲利帕·佩里真在《希望我父母读过这本书》中讲道：亲子教养的核心，在于父母和孩子之间的关系。如果把人比作植物，关系就是土壤。关系支持和滋养着孩子，让孩子得以成长（或是抑制成长）。[①]儿童如果缺少可以依靠的

① ［英］菲利帕·佩里真.希望我父母读过这本书［M］.北京：中信出版社，2020.

关系，其安全感就会受损。内在动机理论也提出联结是人类获得幸福必不可少的三要素之一，也是在强调关系的重要性。

（七）因地制宜，打造国家、地方与家庭文化环境

文化建设向来是精神建设不可缺少的一环。文化是一个国家、一个民族的灵魂。习近平总书记指出："没有高度的文化自信，没有文化的繁荣兴盛，就没有中华民族伟大复兴。"国家、地方及家庭文化的良好建设，有益于祖国年轻一代增强文化自信，更加自强。文化建设应因地制宜，传承文化多样性，延续历史文脉，打造鲜明文化特色。比如，教育机构与场所吸收传统建筑的养分，保存当地传统风貌和个性。在家庭中，也应该注重家庭文化的打造。有学者指出，加强家庭文化建设有利于儿童社会化，能够减少儿童行为问题的发生。[①]"民族文化是家庭文化的森林，家庭文化是民族文化的根系。"全国政协委员、中国侨联原副主席朱奕龙认为，传承优秀传统家庭文化，增强家庭文化实力，有利于培养塑造高素质的国民，对于保护民族文化的根基、保持社会文化的多样性、优化社会文化环境均大有裨益。因此，在儿童成长的环境中，文化环境非常重要。

总之，在环境创设中践行中庸之道，就是要以和谐为核心，以自然为法则，以人文为关怀，实现人与自然、人与社会、人与人之间的完美融合与共生共荣。这样的环境创设才能真正体现中华传统文化的智慧与魅力，为我们的生活增添更多美好与和谐。

①方德兰.家庭文化对学前儿童行为问题的影响［J］.大众文艺，2021.

第二篇　中国传统文化视域下玩教具制作、环设技巧与应用

第三章　无可比"泥"——泥工玩教具与环境创设

第一节　无可比拟的泥文化

泥塑是华夏古老的民间艺术之一，最早可追溯到1万年前的新石器时代，最初的玩具雏形也是泥塑作品。泥塑历史悠久且长盛不衰，在漫长的发展过程中，形成了不同地域特色的民间泥塑艺术形式。如：关注百姓疾苦、疾恶如仇的天津"泥人张"，憨态可掬又威风凛凛的北京兔儿爷，白白胖胖、含有迎祥纳福之意的无锡惠山泥人大阿福，色彩丰富、寓意吉祥的陕西凤翔泥塑挂虎，愣头愣脑、憨厚直爽的山东高密叫虎，制作精巧、可发出声音的河南浚县泥咕咕等。它们形态各异、各具特色，均为我国珍贵的非物质文化遗产。

泥塑穿越万年而来，至今被人们珍视。由天津市"泥人张"彩塑工作室高级工艺美术师林钢创作的梦娃，在街头巷尾随处可见，为我们讲述着社会主义核心价值观的故事。她胖嘟嘟的样子、憨态可掬的神态，像极了在我们身边真实存在的中国娃娃，轻易俘获了人们的喜爱。

图3-1 梦娃

　　玩泥的益处颇多，不仅可以促进幼儿精细动作发展和粗大动作发展，提高动手操作能力，还可以促进幼儿想象力和创造力的发展。再者，泥巴中的菌群有益于幼儿提高免疫力。如果是多位幼儿聚在一起玩泥，其社交能力与合作能力亦能得到锻炼。

　　但是玩泥的意义远不止于此，它还拥有更加深邃的文化意义。玩泥是亲近自然、热爱自然的途径，更是体悟中华文化厚重的方式之一。无论是女娲补天，还是天人合一，或是五行学说，无一不透露着博大精深的中华文化。从泥土中汲取营养与智慧，亦是古人历来的传统。

表3-1　常见泥工玩教具和环创材料

名称	特点	适用范围与场景
本色陶泥	常见色：黄褐色、灰白色、红紫色，保留泥土本色，质地较硬、可塑性良好，但需要醒泥、上色，一般需要烘烤定型	拉坯泥塑，细节丰富
彩色陶泥	色彩丰富，质地较硬，可塑性良好，但需要醒泥，一般需要烘烤定型	拉坯泥塑，细节丰富
橡皮泥	不用醒泥，无须上色，色彩丰富，有一定重量，不易保存，易干裂	泥塑、泥工作品
轻粘土	橡皮泥的升级版，质地轻软，延展性强，可塑性强，自然风干后变硬，易于保存	泥塑、泥工作品
太空沙	有纯色和彩色之分，质地松软，可塑性强	塑形、建构

名称	特点	适用范围与场景
垫板	光滑，易打理	保护桌面
压泥板	光滑，硬度高，用于平面压塑	用于压出平面
实心棒	形似擀面杖，有光面和纹理两种，有木质、亚克力等材质	用于饼形和球形的制作
抹刀	扁平，无刃	用于修整较大平面
刻刀	有刃，尺寸多样	用于细节的雕琢
长刀片	有刃，长度不同	
剪刀	两刃交错，可以开合	用于细节的裁剪，比如刺猬、松树
铁丝	有一定支撑力	用于造型的内部支撑
压痕笔	圆润的笔头，有不同型号可供选择	用于压痕，适合进行细节的塑造，例如发丝、衣褶
丸棒	两侧末端有大小不一的球状	用于压坑，比如眼窝等深陷的坑状
七本针	一般为金属材质，一端有并排的7根细铁丝	用于制作特殊纹理，例如毛发、树皮、毛边，也可以用于两个部分之间的打毛粘贴，使连接部位更加稳固
细节针	一端为细长的针，粗细因规格不同而有差异	用于最精细的细节的打造
棒针	一端细、一端粗的棒形造型工具	用于细节和较大压痕的制作
尖嘴钳	由尖头、刀口和钳柄组成	用于铁丝的制作
牙签	两端尖细	用于细节的制作

第二节　陶泥玩教具与环境创设

一、制陶小知识

有史料证明，人类最早的制陶活动距今已有1.5万年。河姆渡文化时期，彩陶出现，后有黑陶和白陶。考古学家猜测，远古人类意外发现火与土碰撞的奥秘，并加以利用，便有了陶器。

二、所需材料

泥塑，作为一种古老而常见的民间艺术形式，以泥土为主要原料，通过手工捏制成各种形状。制作泥塑的材料主要包括各种类型的泥土和一些辅助材料。

首先，泥土是泥塑制作的核心材料。在选择泥土时，需要考虑到其质地、黏性和可塑性。一些地方的泥土因为含有特殊的矿物质，使得制作出的泥塑更为坚硬和细腻。在某些地区，制作者还会特意选择红黏土、白土、细毛沙等特定类型的泥土，按一定比例混合，以获得最佳的塑形效果。

除了基本的泥土外，为了增加泥塑的韧性和黏性，制作过程中通常会加入一些辅助材料。例如，糯米水、蜂蜜等可以增加泥土的黏性，使其更易于塑形；料僵石粉（一种当地的石头粉末）可以提高泥塑的硬度，使其更耐久；棉花、麦衣或麦秆等则可以用来制作更为细腻的泥塑。而今，随着科技的发展，制作成品陶土的技术日益成熟，人们可以轻松买到陶土成品，减少了选土、制土的烦琐工序。

本色陶泥和彩色陶泥的主要区别体现在它们的颜色上。本色陶泥保持其原始的颜色，通常为一种较为自然的色调，没有额外的色彩添加。彩色陶泥则经过特殊处理，添加了各种颜色的颜料，呈现出丰富多彩的外观。这种颜色差异使得彩色陶泥在艺术创作和手工制作中更具多样性和灵活性，可以创作出更加生动和丰富的作品。除此之外，本色陶泥和彩色陶泥在材质和特性上可能并没有太大区别。它们通常具有良好的可塑性，可以通过捏塑、塑形等方式制作出各种形状的物品。同时，它们也可以经过适当的干燥和定型处理，成为永久保存的作品。

图3-2　成品本色陶泥

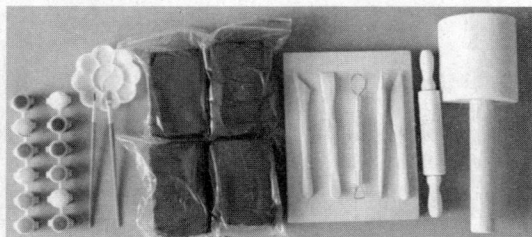

图3-3　陶泥与常见陶泥工具

图3-4　软陶彩泥（彩陶）

图3-5　石塑黏土

　　石塑黏土是一种特殊的黏土材料，虽然不属于陶泥，但是作品和泥塑作品的质感相似，所以放在这里一并介绍。首先，石塑黏土具有纹理细密、可塑性与延展性极好的特点。这种黏土在创作过程中，可以通过切割、打磨、旋转、冲压等多种方式进行加工，以实现精细的塑形和细节处理。其次，相较于其他常见的黏土如陶瓷黏土，石塑黏土无须经过高温烧制就能成型，只需自然风干即可。风干后的石塑黏土成品类似于石膏，带有陶土特有的粗糙沙砾感，硬度与重量也达到了一定的标准，适合进行篆刻、雕塑等创作。若在成品上涂上专用的黏土光油，石塑黏土又能呈现出陶瓷般的细腻光泽。

三、方法步骤

　　第一步，醒泥。成品陶土手感较硬，需要经过捶打、摔、揉，才能更加柔软，利于塑形。

　　第二步，塑成泥胎。又称"制子儿"，运用雕、塑、捏等手法，将泥塑造好基本形状。再经过细节修改，成型晾干。如有需要，部分作品还需烤制处理，以增加强度。部分作品在此步即可完成，该作品会最大程度地保留泥土的本色。一般情况下，幼儿园的单个活动时间内，仅完成基本形状即可。

第三步，涂大白。泥胎着色之前，需要先用白色染料上底色。一是保持表面光洁，二是便于其他颜色的着色。

第四步，彩绘。泥塑素有"三分塑，七分彩"之说。泥塑的彩绘颜料一般可选择水粉颜料或丙烯颜料。当然，由于彩陶本身就具有颜色，便可以省去这一步。

第五步，封层。用水性亮油封层，不仅可以防尘，易于保存作品，还可以为作品增亮，增加作品的美感。

四、陶泥作品

图3-6　陶泥作品

上图作品的材料分别是灰陶、中白泥未上色、中白泥上色、彩陶。可以看出不同的材料，颜色、质地、效果各不相同。灰陶最接近现实生活中泥土的颜色，最为质朴。中白泥的感觉更加纯净，接近现实生活中的面团。陶泥上色，烤制后其硬度增加，且颜色变化丰富，有光泽感，但也因为需要烤制，耗时较长，但给人带来的成就感也因此更加强烈。彩陶的效果更接近橡皮泥，因为彩陶本色有颜色，所以作品颜色鲜艳，但色彩变化性较差。无论何种材料，都是增加幼儿精细动作的好帮手。

第三节　轻粘土（橡皮泥）玩教具与环境创设

一、从橡皮泥到轻粘土

橡皮泥的产生纯属意外。当时正值二战，作为汽车、飞机、坦克轮胎原料的橡胶成为稀缺资源，有一个名叫詹姆斯·怀特的工程师试图制造人工合成橡胶。但是他的愿望没有实现，实验产生的产品柔软又有弹性，而且黏性丰富。怀特将错就错，将其作为壁纸清洁剂推入市场。当时的孩子将其用来装饰圣诞礼物。通用公司便抓住商机，将产品注入颜色。就这样，备受欢迎的橡皮泥产生了，并受到全世界幼儿的推崇。橡皮泥的确比传统陶泥拥有更多优点，比如色彩鲜艳、质地柔软，无须用力摔揉醒泥，不粘手，对制作环境更宽容，更加便于低龄儿童的操作。但是橡皮泥也有自身的缺点，延展性有限、精确度不高、不易保存，后期可能会发霉、干裂、变形，这常常让橡皮泥爱好者头疼不已。

随着科技的进步，人们对橡皮泥的要求越来越高，超轻粘土便应运而生。作为橡皮泥的升级版，超轻粘土的颜色更鲜艳，质地更柔软、轻盈，延展性更强，可塑性更强，调色混色效果更好；还有一大特点，就是超轻粘土无须烤制，自然风干后即可硬化定型。超轻粘土在种种性能上远超橡皮泥，很快占领了彩泥的绝大部分市场，而橡皮泥则日渐式微，慢慢淡出了人们的视野。

二、所需材料

超轻粘土塑作所需要的材料及工具包括：超轻粘土、实心棒、压痕笔、丸棒、抹刀、刻刀、七本针、细节针、棒针、弯头镊子、长刀片、短刀片、压板、切割垫、牙签、剪刀、尖嘴钳。除此之外，根据制作需要，可能还需要准备一些辅助装饰物。比如亮片、珠子、小绒球等，生活中的诸多材料都可以用于增加作品的立体感和视觉效果。

图3-7　超轻粘土及其制作工具

三、方法步骤

超轻粘土的制作方法与传统泥塑并无差异，都是通过搓、揉、压、捏、贴等制作方法塑造基本形状。只是超轻粘土在塑形前省去了醒泥的步骤。由于超轻粘土质地柔软、色彩鲜艳、延展性好，因此可以制作出一些不同于传统泥塑风格的作品。

（一）超轻粘土混色

超轻粘土混色是一个很神奇的过程。除了最经典的红黄蓝三原色的混色，制作过程中的大多数的颜色都可以通过不同的比例合成产生。在操作的过程中不但可以感受混色的神奇，亦可观察到整个混合过程中不同颜色的相交相融。就儿童而言，这个过程已经足够引人入胜。在"加一点，再加一点"的反复操作中，颜色变化的奥秘慢慢在心中生根发芽。

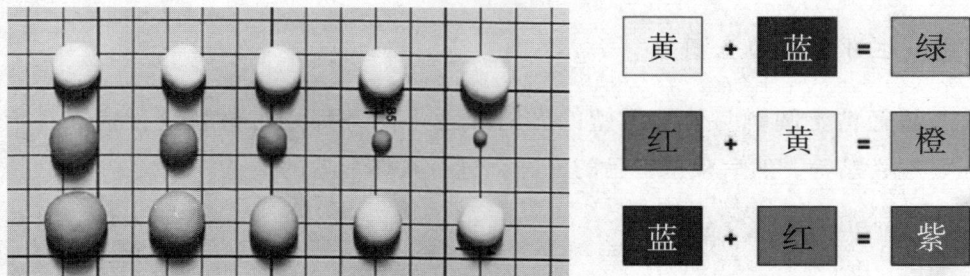

黄 + 蓝 = 绿

红 + 黄 = 橙

蓝 + 红 = 紫

图3-8　超轻粘土混色

（二）超轻粘土贴画

超轻粘土贴画，又称超轻粘土浮雕，是以超轻粘土为颜料作画的一种形式，常见的底板有卡纸、纸壳、木板、相框等，有时也见于不规则的形状，比如装饰笔筒，纸工、木工作品等。

超轻粘土贴画利用材料本身柔软易塑、色彩鲜艳、延展性强的特点制作而成，有一定的浮雕效果。根据创作者的设计，用超轻粘土可以做成各种形状的饼、条、圆、点等，再把它们组装起来，拼贴出画面。超轻粘土贴画色彩鲜艳匀称，效果优于水彩、蜡笔，更好把握，是非常适合低龄儿童操作的材料。超轻粘土贴画可以采用抹涂的方式，进行大面积的铺色。比如下面"父亲节快乐"这幅画，采用的都是抹涂的方式，非常适合低年龄段的孩子。同样都是幼儿的作品，小红花的超轻粘土浮雕作品就高级很多。它采用了饼、条等形状的组合，而且采用了压的方式，为作品提供了非常多的细节。压痕也很丰富，有点压和长条压，这就需要幼儿身边有足够的材料可供使用。材料不一定非得是泥塑工具，梳子、牙刷、玩具车的轮胎等都有可能是很好的制作工具。比如点压可以用一切较尖的物品完成。只要孩子置身材料丰富的环境中，被允许尝试把不同的事物作为工具，便会收获无尽的惊喜。

图3-9　超轻粘土贴画作品

（三）超轻粘土圆雕

超轻粘土圆雕与传统泥塑的方法并无不同，都是对材料进行搓、揉、压、捏、贴等，然后根据自己的喜好，进行具体形象的塑造。

图3-10　超轻粘土圆雕作品

四、超轻粘土幼儿作品

超轻粘土本身就是非常好的塑形材料，可以制作很多立体实物。但倘若结合其他材料，就会碰撞出更多的可能性。超轻粘土也是一种很好的装饰材料，对于木板或者纸壳，有一定的吸附能力。比如下图中的房子，就是用超轻粘土来装饰的。不仅是木板、纸壳，很多材料都可以在泥塑作品中起到画龙点睛的作用。例如，用深蓝色透明的PVC板打造冰雪世界，将会营造出极寒透明的极地风光。最后一幅作品中，超轻粘土的主要作用是黏合，把不同颜色的透明PVC粘成一个不规则的形状，内置灯源，如果打开开关，灯光透过不同颜色的PVC薄片散出来，令人炫目。灯光遇上墙面，又呈现出宛如极光的效果，这是多么别致的一站式小夜灯！

图3-11　超轻粘土幼儿作品1

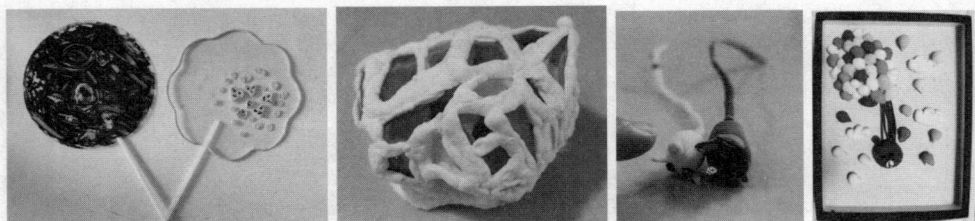

图3-12　超轻粘土幼儿作品2

五、超轻粘土成人作品

图3-13　超轻粘土成人作品1

　　超轻粘土拥有超强的塑形能力，是很好的、用于讲述故事的制作材料。用超轻粘土来讲述中国故事，不仅可以加深对中国故事的理解，还可以将中国故事更好地传播给世界。在下图中，前几幅作品展示了成语或寓言故事：亡羊补牢与刻舟求剑、猴子捞月、狐狸与葡萄等；后几幅则分别表现了温馨的春节、十二生肖钟表。

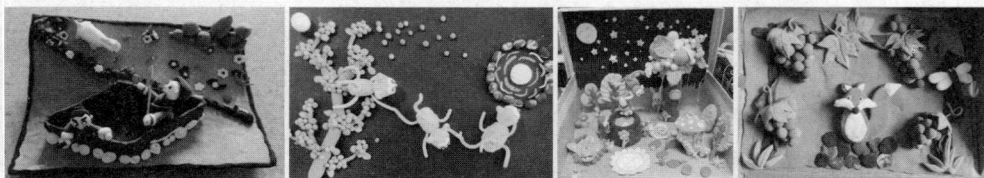

图3-14　轻粘土成人作品2

图3-15 超轻粘土成人作品3

六、超轻粘土玩教具

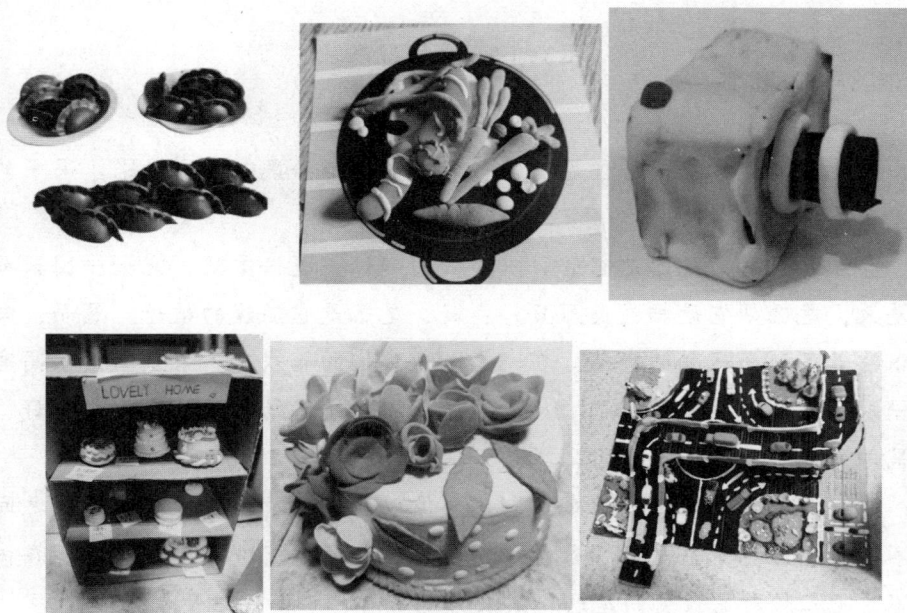

图3-16 超轻粘土玩教具

超轻粘土颜色鲜艳，质地柔软轻盈，延展性好，可塑性强，调色混色效果佳，成型速度快，是幼儿十分喜欢的操作材料之一。无论是用来做食物还是做甜品，超轻粘土都是支持"娃娃家"活动的绝佳材料之一。孩子们喜欢的行驶游戏中的汽车，也可以用超轻粘土来制作。

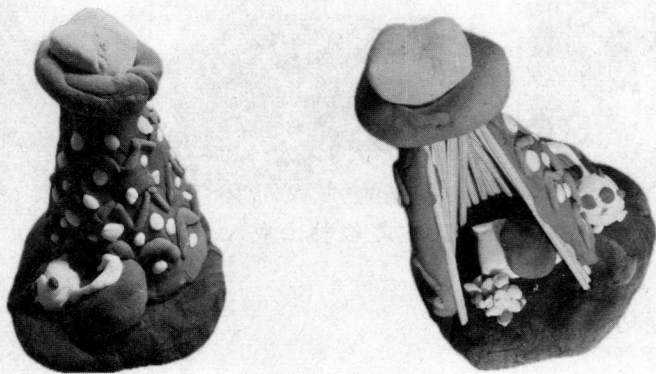

图3-17　小松鼠果果

这样也不错

在茂密的森林里，居住着一只与众不同的小松鼠，名叫果果。果果的尾巴里藏着一个令人惊奇的秘密。

曾经，果果的尾巴是它最引以为傲的部位，蓬松柔软，宛如一团云朵。在夏天，尾巴帮它遮挡炎炎烈日；冬日，尾巴是它温暖的被子。然而，命运却跟它开了一个残酷的玩笑。在一次与伙伴们的嬉戏中，果果不慎从高高的树梢跌落，尾巴受到了重创。尽管经过精心的手术治疗，尾巴重新接好，但果果却失去了对尾巴的知觉。

这一变化让果果倍感沮丧。它不再像以前那样欢快地跳跃在树枝之间，也不再自信地摇晃着尾巴向伙伴们讲故事。它变得沉默寡言，整日躲在树洞里不愿见人。对它最爱的尾巴，果果再也不看、不摸、不管。

果果像往常一样在家里发呆，不经意间看到窗外一缕微弱的光芒。光芒时断时续，像是在捉迷藏。果果怀着好奇的心情，小心翼翼走出树洞，向光芒靠近——一颗奇特的种子。这颗种子静静地散发着光芒，仿佛蕴含着无尽的神秘力量。

果果小心地将种子带回家。可放在哪里好呢？思前想后，果果细心地将种子埋在了自己尾巴的毛发之中，用体温呵护着它。几天后，令人难以置信的事情发生了。那颗种子竟然在果果的尾巴里生根发芽，长出了一个神奇的便携帐篷。这个帐篷小巧而精致，看似轻薄却异常坚固耐用。更神奇的是，它能够根据果果的心意随意变换颜色和形状。在不用的时候，刚刚好可以收纳在尾巴里面。

拥有了这个神奇的便携帐篷，果果的生活重新焕发出了光彩。它向狭小的树洞告别，心中充满了对未来的期待与希望。它鼓起勇气，毅然决然地走入了森林的深处。森林的每一个角落都充满了神秘与未知，但它毫不畏惧，勇往直前。它穿梭于茂密的树丛之间，绕过粗壮的树干，跨过湍急的溪流，不断地探寻着前方的道路。

果果的便携帐篷与它一路相随。帐篷可以变成树叶的绿色，隐藏在树枝之间；可以变成枯木的样子，在小溪中随风漂流；也可以变成五彩的花朵屋，近距离地观察蝴蝶与昆虫……果果可以在帐篷里安心地品尝美味的松果，在不探险的时候，静静欣赏这四季流转的美丽风景。果果也经常邀请朋友来神奇帐篷里做客，帐篷里常常洋溢着一片欢快而惊叹的氛围。所有来到这里的小动物无一不发出由衷的赞叹。

一天晚上，果果睡不着，便打开了帐篷的天窗按钮，繁星点点的夜空，那么宁静与美好。夜光照耀在它蓬松柔软的尾巴上，果果小心地伸出爪子，再次抚摸着自己的尾巴。果然，像它预想的那样，依然没有任何知觉，但是这次，它不再难过，心里喃喃地说道：这样也不错。

上述故事便是孩子完成作品时跟我讲述的故事。类似的故事还有很多。孩子手中的每一个泥塑作品都仿佛是一个小小的故事，每一处都蕴含着无尽的想象与情感，充满了童真与乐趣。它们不仅是孩子纯真创意的结晶，更是他们心灵深处情感的流露。这些作品，或许是孩子模仿生活中所见的景物，或许是他们对未来世界的憧憬与想象。无论是那精心绘制的小房子，还是那巧妙拼搭的小汽车，都反映出孩子对生活的热爱和对世界的好奇。他们用手中的材料创造出一个又一个奇妙的世界，让我们得以窥见他们丰富多彩的内心。

在孩子的手工作品中，我们不仅可以看到他们的创意与才华，更可以感受到他们对生活的热爱和对世界的向往。这些作品既是他们成长道路上的宝贵财富，也是我们陪伴他们成长的美好回忆。让我们珍惜这些手工作品，用心聆听它们背后的故事，与孩子一起感受生活中的点滴美好。

第四节　泥沙玩教具与环境创设

一、泥沙的小知识

沙是指岩石经风化后雨水冲刷或岩石轧制而成的粒料。沙有天然沙与人工沙之分，按照材质还可以分成河沙、海沙、金属沙等。沙子细小、松散，有一定的重量，坠感强。干沙不易塑形，湿沙易塑形。

在物质生活极大丰裕的当今，不得不承认，人们离自然的距离越来越远，对于卫生有了更高的要求，孩子们的肆意玩耍受到条条框框的限制。尽情地玩弄泥巴、沙土逐渐变成长辈的独家记忆。

幸运的是，脏玩（Messy Play）理念开始被接受，孩子在放松的状态下肆意探索不同材料，摆弄、思考、想象。在脏玩的世界里，手、脚、脸、鼻子、耳朵甚至是身体，都是探索的媒介。孩子只关注当下，醉心材料，忘我探索，完全不考虑脏的问题。脏玩的材料很多，包括泥、沙子、水、树叶等，其中泥、沙子是很重要的材料。

当下，还有一种特别的玩具沙十分风靡，那就是太空沙。当然，这种沙子并非来自太空，其主要成分是沙子与蜂蜡。太空沙和普通沙子的性质并不同。太空沙手感湿润，塑形性强，干净卫生，有纯色与彩色可选。

二、与泥沙有关的环创与玩教具

（一）沙池

图3-18　沙池1

孩子们对沙的天然热爱，使得沙池带给孩子的快乐不言而喻。面对沙池，有关沙的游戏就会自主生成，这仿佛是孩子们天生的本领。建房子、造水池、修公路、画沙画、沙池寻宝、搬运沙子……只要给孩子一片沙子，孩子们自然会全情投入其中，乐此不疲。

图3-19　沙池2

但是沙池的设置应该巧妙，以防止沙子被随身携带，弄得到处都是。比如沙池边上加高或者建植物隔离带，这样可以将沙子更好地留在沙池内，整体看上去更整洁。另外，沙池边上应该设置洗手池，一是方便孩子自身的清理；二是水的加入，可以丰富孩子在沙池内的游戏形式，使游戏变化更加多元。但是，要注意，加了水的沙子，不可避免会弄脏衣物，应该提前备好更换衣物。

（二）沙漏

图3-20　沙漏

　　沙漏又称沙钟，是一种测量时间的设备。成品的沙漏，有不同的测量时间，比如1分钟、15分钟、30分钟等。沙漏既可以计时，又可以当成玩具，反复把玩。但其实，沙漏是可以自制的。沙漏内的沙子也可以用小米、豆子等来代替。玻璃装置可以用饮料瓶来代替。装置内的沙子、豆米的量可以根据时间来控制。这样的装置既可以锻炼孩子的动手操作能力，又可以使抽象的时间可视化，培养孩子的时间管理能力。

（三）沙槌

　　沙槌是一种摇奏体鸣乐器，又称沙球。该乐器起源于南美印第安人。传统沙槌的制作材质是干葫芦，内部装有干硬的种子或碎石，摇动时硬粒撞击葫芦外壳发出声响，是一种打击乐器。现在的成品沙槌一般是木质，外层涂有色彩鲜艳的油漆。自制沙槌则相当容易，只需要废弃的饮料瓶子，装上沙子或是小米、大米等颗粒状物品，一个简单的沙槌就完成了。自制的沙槌不但可以作为乐器，也可以作为健身的器材。

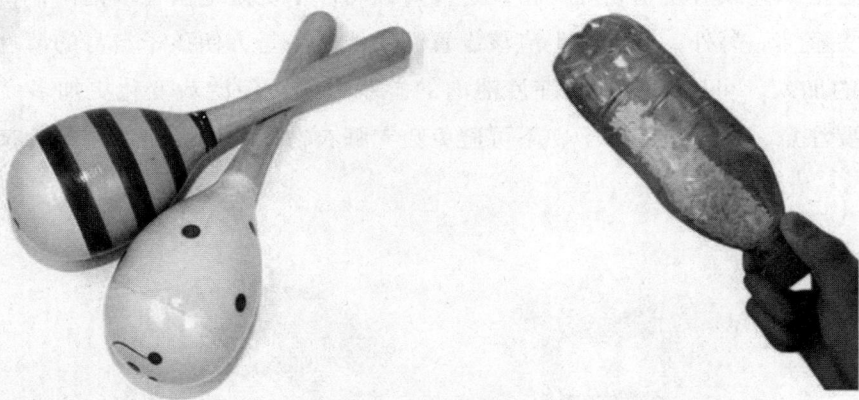

图3-21　沙槌

（四）流沙画

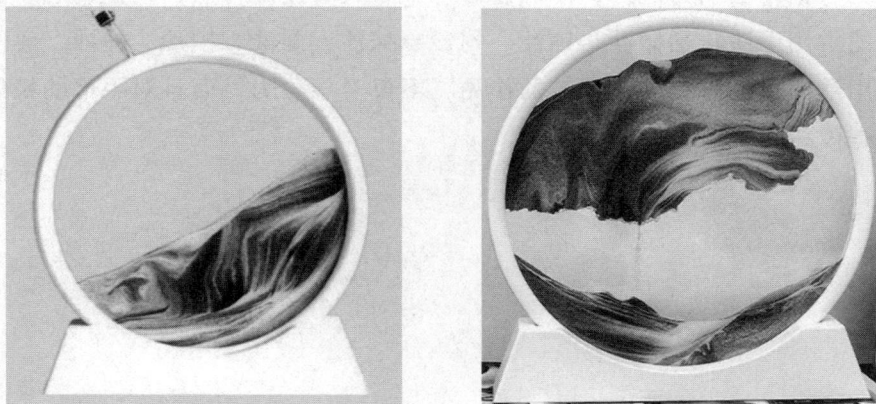

图3-22　流沙摆件

流沙画由镜框、透明玻璃腔体、氧化铝、钢砂、彩砂、无色的混合液组成。流沙画最大的特色就是变幻莫测，每一次翻转，其形成的画面与之前完全不同，拥有极高的欣赏价值与审美价值。此外，流沙画还有一定的缓解压力、眼睛疲劳的功效。网上也可以购买材料包，制作自己专属的流沙画。

（五）沙画

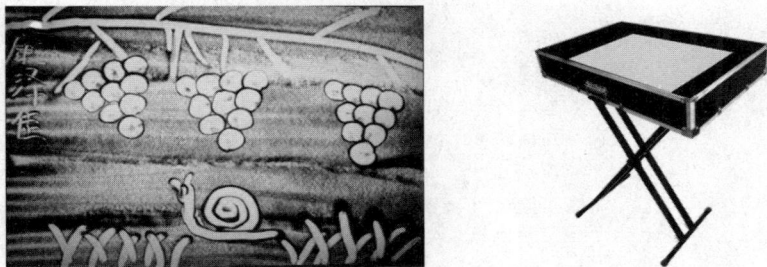

图3-23　沙画及沙画台

沙画在我国有着深远的历史。《后汉书·马援传》就记载运用沙盘研究战术的先例。宋朝时期即有"沙书改字"与"沙书改画"的典故记载。岳飞也有沙土练字的典故。①近年来，动态沙画作为一种流动的影像艺术，深受

①贺春丽.新媒体语境下动态沙画艺术特征及审美研究［J］.艺海，2022.

世人喜爱，也吸引了很多人成为沙画的追随者。除了作画的材料沙本身对于孩子具有独特吸引力之外，沙画还有一个令人着迷的特点，就是动态多变。沙画的常用手法包括撒沙、铺沙、勾沙、抹沙、漏沙、拍沙、捏沙，等等。沙画用最简单的材料创作复杂的作品，不仅对想象力，而且对手部的精细动作也有极高的要求。

第四章 叹为观 "纸" ——纸制玩教具与环境创设

第一节 叹为观止的纸文化

作为世界上唯一不曾中断的文明，中华文明源远流长、生生不息，值得每一位中国人骄傲与自豪，无论过去、现在还是将来，中华文明都卓然屹立于世界。我国古代四大发明之一的造纸术，由中国传向世界各国，为纸文化在全球发扬光大做出了巨大贡献。

《后汉书·蔡伦传》中有"用树肤、麻头及敝布、鱼网以为纸"的记载。蔡伦用树皮、麻头、破布、旧渔网等作原材料改进了造纸术，制造出了植物纤维纸。这种纸书写方便、便于携带、造价低廉、易于量产，深受欢迎，被称为"蔡侯纸"。蔡侯纸的出现极大地推动了我国书写、阅读和文化的发展，同时，对于推动西方的科技、文化和经济发展起到了积极的作用。

现今，我国部分地区仍保留着传统的古法造纸技术，历经岁月洗礼的技艺成了后人研究传统文化的活化石。民谚有云："片纸非容易，措手七十二。"这句话讲的就是造纸工序繁复，需要72道工序。难得的是，贵州省贵阳市乌当区新堡布依族乡的香纸沟村至今保留着这种原始的造纸技术。相传600多年前，朱元璋调北征南之时，深得蔡伦造纸术要义的彭氏兄弟随军由湖南至此地驻扎，后定居于此，造纸工艺得以在这里生根发芽，流传至今。

无独有偶，同处贵州的丹寨石桥古法造纸，依托国家级非遗代表性项目皮纸制作技艺，在千年崖洞中研制出迎春纸、贵纸等产品。经过120道工序制作而成的石桥皮纸，薄如蝉翼，又不失韧性，成了国家图书馆、故宫博物院的古籍修复专用纸。

同样是国家级非物质文化遗产项目的"楮皮纸制作技艺"，发源于秦岭脚下的北张村。"仓颉字，雷公碗，沣出纸，水漂帘……"这首流传在北张村的歌谣讲的就是当地的古法造纸。据传承人张逢学介绍，由于当地人多地少，百姓自古以来就以造楮皮纸维持生计。著名的西汉霸桥纸就是在此出土的。古老的造纸工艺经历了时间洗礼，熠熠闪烁，成为研究手工纸工艺演化进程的"活化石"。

各地的古法造纸虽有不同，但毫无疑问，都为纸艺文化在中国的繁荣奠定了坚实的基础。随着造纸技术的日臻完善，纸质材料的成本逐渐降低，寻常百姓亦不以为贵，纸艺进入了异彩纷呈的发展时期。折纸、剪纸、刻纸、盘纸、纸编……以纸为材料的技艺，丰富多彩，且具有鲜明的地域特色，向后人讲述着自己的历史与文化。这些珍贵的非物质文化遗产是中华文明的瑰宝，值得我们代代传承。

表4-1　常见纸艺玩教具和环创材料

名称	特点	适用范围与场景
折纸	纸质轻软，易于折叠，一般为正方形，有各种规格，颜色多样，有单面彩色、双面彩色、渐变色、花色、金属光泽色	折纸、立体制造型
卡纸	是介于纸和纸板之间的一类厚纸的总称	纸浮雕
硬纸版	纸质较厚，比较硬挺	玩具制作、纸艺作品支撑或是底板
衍纸	也称卷纸，彩色纸条，宽度因作品需求不同而宽窄不一	用于衍纸和纸编
宣纸	有韧而能润、光而不滑、洁白稠密、纹理纯净、搓折无损、润墨性强等特点，有独特的渗透、润滑性能	用于书法创作和复杂剪纸
薄韧牛皮纸	细腻有韧性，不开裂，不起毛	用于复杂折纸
雪梨纸	又称复写纸，具有防潮、透气、保护、定型的作用，具有较高的物理强度、优良的均匀度及透明度，及良好的表面性质，细腻、平整、光滑，有良好的适印性	用于折纸、包装、印刷、篆刻艺术中刻印
锡箔纸	有光泽感、易定型、可遮光，但是折痕不可恢复	折纸或是特殊造型
海绵纸	分为带背胶款和不带背胶款，防碱、防潮、防水、保温、防静电、抗酸、高抗冲等功能，而且美观实用	纸浮雕、玩具
瓦楞纸	有纹理感，缓冲性能好，成本低，可回收复用	纸浮雕、玩具造型
皱纹纸	机械加工，质地偏硬，颜色亮丽，纹路清晰，具有一定抗水性能，纸张表现力好	花艺、包装、纸立体造型

名称	特点	适用范围与场景
手揉纸	纯手工制成,可染色,吸水性好,有韧性,染色晕染自然	艺花、立体造型
东巴纸	又称古法花草纸,纳西族东巴祭司的专用纸,质地厚实、耐磨损,具有抗虫、抗蛀、保存时间特别长的特性	体验造纸工艺
泥浆	纸浆质地柔软,可塑性强,安全无毒,制作简单,原材料随处可见,可用卫生纸、废报纸制成	泥浆画、立体墙饰、玩具装饰
废纸、旧书	软硬质地各不相同,取材方便,节能环保	各种纸艺操作

表4-2　常见纸艺手工工具

名称	优点	缺点	适用范围与场景
双面胶	宽窄不一、便携、长度可控、隐形、平整	易打结,凹凸面不适用	常见平面纸艺制作
白乳胶	粘后可调节,不粘皮肤	干得慢,干后留有胶印	常见平面纸艺制作
点点胶	便携,可移除,对纸张伤害小	黏性不强,不适用在不平的表面	常见平面纸艺制作
海绵双面胶	宽窄不一,有一定厚度,有落差美	有一定厚度,不适用于平面粘贴	常见于纸浮雕
热熔胶枪	多种材料可粘、黏性强	需通电加热使用,有一定的安全隐患	立体造型
针头式手工模型胶	透明、干得快、不黏手、可水洗,固化时间3~5分钟,用量精准可控	有刺激味道,需在通风处使用	各种手工操作、纸材料、木材料、塑料品的粘贴
纳米无痕胶	透明、隐形无痕	较厚,粗糙表面不适用	使用作品上墙、展示栏固定等
布基胶带	色彩多样,耐油脂、防水、防腐蚀、黏性强,易手撕	高温会翘边	区分标记、地毯固定、玩具包边
专业剪纸尖头剪刀	刀头锋利	需打磨,儿童不适合操作	专业级剪纸
圆头剪刀	圆头保护、不易受伤	无法剪出细节	普通剪纸、手工制作
美工刀	刀身有痕、更换方便	刀身很脆,无法刻出精细图案	纸浮雕、纸质玩具制作
专业刻刀	刀头锋利	需打磨,儿童不适合操作,需成人配合	专业传统剪纸刻纸工具

续表

名称	优点	缺点	适用范围与场景
雕刻切割垫板	双面可用，有刻度，可重复使用，韧性强，方便携带	伤刀刃	保护桌面
蜡盘	分黑、黄两种，保护刀头	较沉，不方便携带，需保养	专业传统剪纸刻纸工具
镊子	方便小零件的精细操作	需要技巧	细小零件的组装

第二节　折纸玩教具与环境创设

一、折纸小知识

折纸是一种以纸为素材折成各种不同形状的艺术活动。大部分的折纸比赛都要求参赛者用一张无损伤的完整正方形纸张折出作品。

（一）历史

折纸的历史悠久，学界关于折纸的诞生地并没有达成共识。毫无疑问，纸在我国诞生，因而折纸也应诞生于我国。但是由于纸张不易长久保存的性质，在相当长的时间内，文献和出土文物并没有找到折纸诞生于我国的相关记载，国际上的折纸权威机构也不承认中国的折纸发源地地位。我国有"折纸大王"之称的徐菊洪在《二十五史·新唐书》发现"劈纸为甲"的记载，唐代的战用盔甲、铠甲是纸做的，采用了折纸的技术。此外，他还发现了至今发现的世界最早的折纸作品，是现藏于英国大不列颠博物馆的、出土于敦煌石窟的两朵折叠纸花。徐菊洪的发现将世界纸艺的起源整整推前了6个世纪，并为中国正了名。

在古代，世人多持"万般皆下品，唯有读书高"的观点，把读书做官当作人生最高追求。在如此的氛围下，折纸艺术作为一种消遣，并没有茁壮发展的土壤。但我国仍是较早将折纸内容纳入教育体系的国家之一。清代光绪末年学部编纂的《初等小学手工授课书》中，就包括了折纸内容。[①]

历史上，随着纸传入不同的国家，折纸艺术得到了很多国家的喜爱，甚至成为其国家文化的一部分。自19世纪晚期到20世纪，第一次、第二次和第三次国际折纸学术会议分别在巴黎、阿根廷和纽约举行，这也标志着现代折纸进入了快速发展时期，出现了很多出色的折纸大师。

（二）世界折纸大师

1．日本吉泽章

享有美誉的折纸大师吉泽章（1911—2005）在20世纪30年代开始创作折纸作品。他于1954年创办了国际折纸研究会，并担任会长职务。吉泽章曾经在全球多个国家进行讲演和作品展出。

吉泽章在1950年前后创作出了大量作品，其最大成就之一就是吉泽章–兰德列特系统（Yoshizawa‑Randlett system）。该系统是其与美国折纸艺人塞缪尔·兰德列特共同研究并创立的。作为一套国际通用的折纸图解语言，它打破了语言的障碍，使得折纸技术可以通过图文的方式进行传播。[②]

图4-1　吉泽章先生照片

20世纪80年代，吉泽章又创造了湿折法，即在折纸开始之前，将纸湿润，成型之后再将其晾干。此法使以前看似不能完成的折法变为可能，同时大大提高了折纸的精确程度。在吉泽章先生的推动下，折纸由此进入一个新的境界。由于吉泽章对折纸艺术的贡献，他被敬称为"现代折纸之父"。

---

① 常文武，陆新生.折纸中的数学——折纸数理学及数学折纸活动概述［J］.科学教育与博物馆，2016.

② 李乡文.中外艺术精粹　中国手工艺术［M］.长春：吉林文史出版社，2006.

2．法国埃里克·乔赛尔

法国折纸艺术大师埃里克·乔赛尔（1956—2010），原本是位雕塑家。他17岁时开始学习绘画和雕塑，机缘巧合之下于1983年开始接触折纸，4年后在巴黎举办了第一个折纸展。后因酷爱折纸，于1992年放弃了绘画和雕塑，成为一位专业折纸艺术家（professional folder）。[①]乔赛尔是大家公认的世界上最优秀的折纸大师之一。至今，折纸界还有以他名字命名的奖项"Eric Joisel Award"。乔赛尔将自己的绘画和雕塑的功底与折纸结合，极大地提升了折纸的艺术性。他手下的作品无一不充满灵气、生机勃勃。埃里克·乔赛尔尤爱折人物，他自己也这样说过，他对每一个作品的即兴创作，都使得作品独具特色。传统折纸有精确步骤，因此可以产生众多副本，但是埃里克·乔赛尔更像是在雕塑或绘画，每一件作品都是独一无二的。

图4-2　埃里克·乔赛尔部分折纸作品

3．美国罗伯特·朗

世界著名折纸艺术家、折纸大师罗伯特·朗的另一个身份是一名有着物理学博士学位的物理学家。罗伯特将折纸、数学和科学糅合为一体，提出了3个与折纸有关的交叉学科：折纸数学、计算折纸学与折纸工程技术，成为折纸艺术理论的先锋人物。

罗伯特擅长昆虫与动物，其开创的"圆河包装"的折纸方法，部位圆角的部分包入方形的部分中，可以折叠出逼真的昆虫腿部、翅膀和触角。他开发出了用于制作复杂折痕的计算机折纸程序，名为Tree Make。更令人震撼的是，罗伯特将折纸新技术应用在工程领域，解决了很多实际问题。例如太阳电池板的太空应用、机械手的操作和血管支架的折叠、汽车安全气囊的折叠模式、太空望远镜镜头的折叠，等等。

---

①埃里克·乔赛尔.折出来的艺术——埃里克·乔赛尔的折纸艺术品［J］.初中生，2009.

图4-3 罗伯特·朗部分折纸作品

4．日本神谷哲史

神谷哲史是天才型的折纸大师，两岁开始学习折纸，18岁时参加电视冠军第三届折纸王大赛，获得冠军，后蝉联了第四届、第五届、第六届的冠军。

神谷哲史最为惊人的作品是一条具有须爪角鳞的中国龙，名为《龙神（Ryujin）》。神谷哲史的大部分作品极为复杂，每件作品需要折上数百甚至上千个步骤。除最著名的《龙神》作品外，他亦设计过蓝鲸、长毛象、暴龙等各种恐龙、剑齿虎及巫师等。神谷是位多产的折纸大师，目前已经有3本《神谷哲史作品集》出版，折纸爱好者以能够折出神谷哲史的作品为豪。

图4-4 神谷哲史的《龙神》《凤凰》作品

5．中国徐菊洪

徐菊洪自幼受家庭熏陶，喜欢折纸，自退休后潜心研究折纸，作品曾在上海艺博会、奉贤艺术节等大型艺术博览会中展览。身为上海折纸俱乐部首席技术指导，他不但醉心折纸技巧的提升、折纸技艺的推广，更是为证明我国是折纸发源地作出了自己的努力。他在《二十五史·新唐书》中发现"劈纸为甲"的记载，唐代的战用盔甲、铠甲是纸做的，采用了折纸的技术。同时，他还发现了至今为止发现的世界最早的折纸作品——现藏于英国大不列颠博物馆的、出土于敦煌石窟的两朵折叠纸花。徐菊洪的发现将世界纸艺的起源整整推前了6个世纪。

图4-5　徐菊洪指导学生折纸

（三）我国折纸新秀

随着我国文化强国战略的实施，国家越来越重视中华传统文化的传承，大批年轻人也发现了折纸的独特魅力，年轻的折纸艺术家越来越多，比如在国际折纸奥林匹克大赛中获世界冠军和单项六金的裴浩正、在折纸方面已经有四项吉尼斯世界纪录的刘通。在这些年轻折纸艺术家的作品中，我们都可以看到他们对中国文化的热爱与深情。他们都认为，作为一个中国人，传承中华折纸文化是他们的责任，折纸艺术的发扬可以一定程度上促进华夏文明的流传，彰显中华民族生生不息的永久魅力。

二、所需材料

折纸这项艺术，最主要的材料就是纸。随着折纸艺术的发展，可供折纸的材料越来越多。根据作品的不同，折纸材料的选择也多种多样。折纸的材质纷繁多样，色彩更是千变万化，有纯色、双色、渐变色等。在国际上传统的纸质比赛中，其要求是一纸成型、不裁不剪。但是现实生活中，很多折纸作品并不是单张成型，而是多张拼接，或是剪接而成。新手在刚接触折纸时，不建议选用小规格的纸张，边长10厘米左右的纸张最合适。

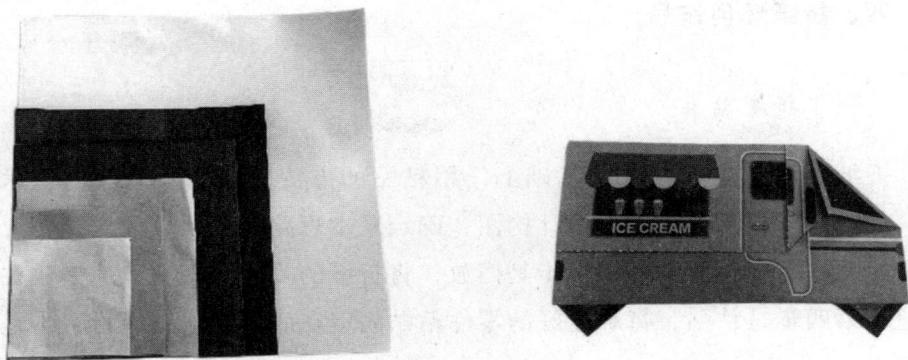

图4-6 折纸艺术用纸及折纸作品

三、方法步骤

每个折纸作品的折叠步骤不尽相同，但相同的是折纸的通用语言——折纸符号。在掌握了折纸符号之后，几种折纸技术的基本功也就掌握了。很多折纸作品都是在此基础上的变形。

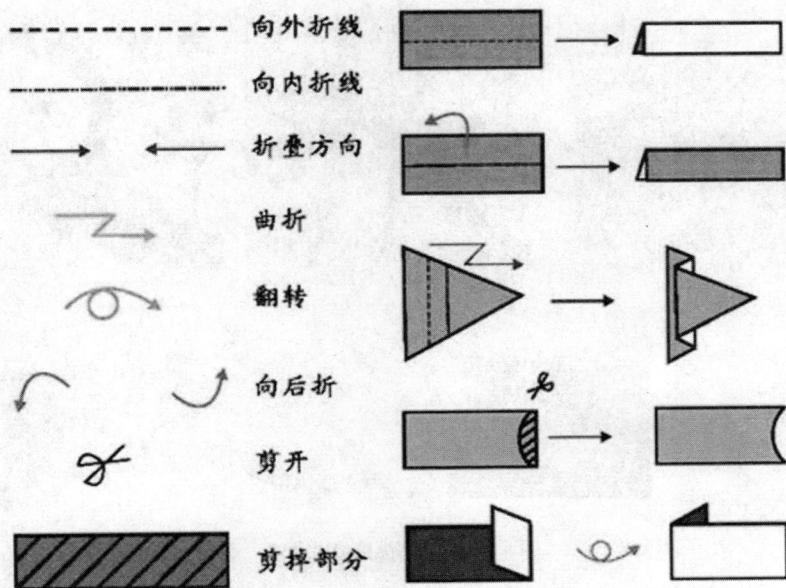

▬ ▬ ▬ ▬ ▬	向外折线
▬▬▬▬▬▬	向内折线
➡ ⬅	折叠方向
⤳	曲折
↻	翻转
↶ ↷	向后折
✂	剪开
▨▨▨▨	剪掉部分

图4-7 折纸符号

四、折纸环创作品

（一）折纸贴画

折纸贴画是指在折纸的基础上，用粘贴的方法完成完整图画的艺术形式。其制作步骤：第一步是设计构图，确定基本思路、风格、内容；第二步是开始制作底板与折纸；第三步是摆放，将折纸的零件疏密有致地摆放在底板上；第四步是粘贴，将确定好的零件粘贴固定在底板之上；最后一步是细节美化。

图4-8　折纸贴画作品

（二）一种特别的折纸——三角插

三角插是一种很特别的折纸，又称立体折纸、3D折纸。它是先用纸做成一个个小的三角形零件，再用零件来拼插出更多样式的大型作品。从某种意义上讲，三角插就像是一种特别的积木，类似于雪花片，只要制作者匠心独运，就可以拼插出与众不同的作品。三角插的零件制作简单，易操作，但是对低幼儿童不是特别安全。针对低年龄段的儿童还是建议提供三角插零件，以便于幼儿操作。三角插作品不但可以提高幼儿的精细动作，还可以提高想象力、创造力。拼插的过程可以锻炼幼儿对于图形对称、空间布局的谋划。所以说三角插是非常不错的玩具。

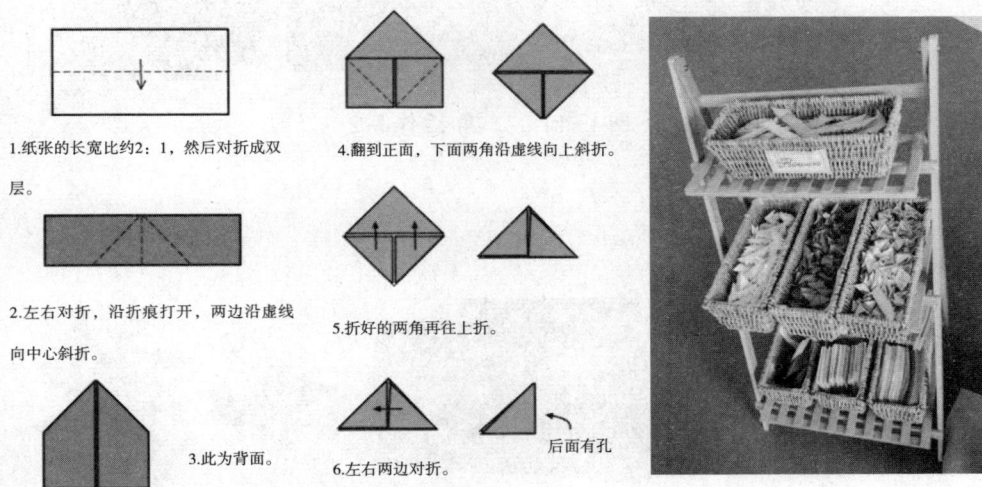

1.纸张的长宽比约2：1，然后对折成双层。

2.左右对折，沿折痕打开，两边沿虚线向中心斜折。

3.此为背面。

4.翻到正面，下面两角沿虚线向上斜折。

5.折好的两角再往上折。

6.左右两边对折。

后面有孔

图4-9 三角插

图4-10 三角插作品1

图4-11 三角插作品2

五、自制折纸玩教具

图4-12 自制折纸玩教具

折纸本就是孩童非常喜欢的活动，孩子在小的时候就痴迷于撕纸。随着孩子年龄的增长，其手部的精细动作越来越娴熟，折叠的作品会越来越复杂。比如图4-12中左侧的小鸟，造型生动却不简单。孩童在制作的时候使用了大量的剪纸去塑造小鸟的身体与尾巴，而在翅膀的部分则采用了折纸的元素。孩童在折纸的时候，并非像成人一样，先去学习基本型，然后亦步亦趋地学习，而是可以随时随地应用自己曾经掌握的元素，可以从容地把以往的经验迁移到目前的工作上。图4-12右侧是一个成人制作的数学类玩教具。该玩教具采用了折纸与衍纸结合的元素，主要目的是让幼儿在操作材料的过程中获取对数的认知。

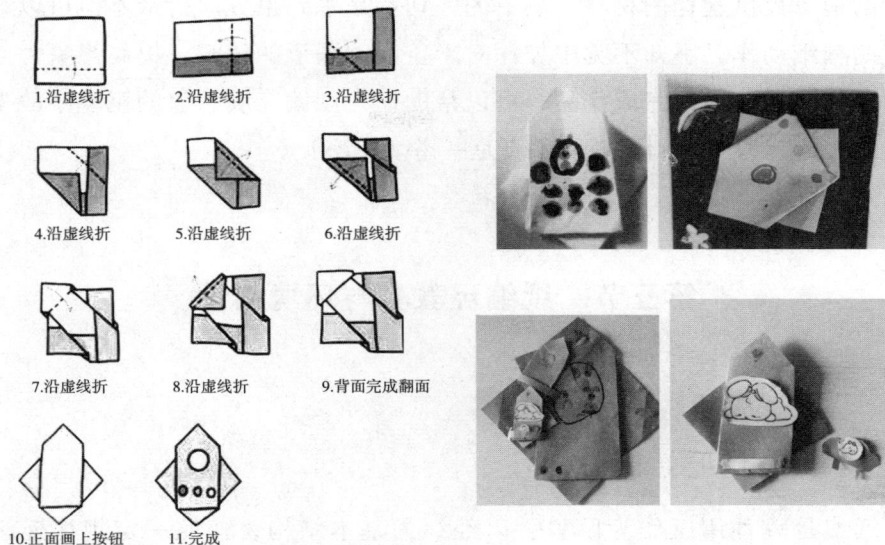

1.沿虚线折　　2.沿虚线折　　3.沿虚线折

4.沿虚线折　　5.沿虚线折　　6.沿虚线折

7.沿虚线折　　8.沿虚线折　　9.背面完成翻面

10.正面画上按钮　　11.完成

图4-13　儿童自制折纸玩教具

　　宇宙飞船系列的故事：某天，女儿按照书上的说明制作了一艘宇宙飞船。待我下班，迫不及待地向我展示。在我的询问下，她还认真地赋予飞船上每一个按键独特的功能，比如出舱键、入舱键、暂停、起飞、降落、关窗、开窗等。我知道她非常喜爱自己的作品，故意询问："好神奇的宇宙飞船，我也好想拥有一架宇宙飞船呀！"她思索了片刻，点点头："请稍等！"然后噔噔噔跑去找材料了。一会儿，她手里拿着淡紫色的宇宙飞船2.0回来了。"妈妈，你想去哪里啊？""我想去看星星。""好的。"只见她快速地画出一个花一样的小星星，并将其剪下来，贴在一张深色底板上，然后将飞船粘在上面，递给我："妈妈坐宇宙飞船去看星星喽！"我欣喜地接过珍贵的礼物，不禁暗自惊叹孩子惊人的创造力。但她丝毫没有想要停止的意思。"妈妈，不要看我哟！"每次她发出这样的要求，我就知道，这小家伙准是又在策划什么惊喜给我了。果然，宇宙飞船3.0出现了。原因其实只是她找到了一张更大的纸！宇宙飞船3.0——搭载宇宙飞船的超级飞船，还有超级飞船的3个小伙伴——1只眼的外星兔、来自爱心彩色星球爱心国的爱心兔和1只正在隐身的隐身兔（身体和腿已经隐身了）。它们正驶向爱心彩色星球做科学研究……

　　其实，这一系列作品的产生并非任务、要求、作业等，而是在孩童可以接触的地方提供这样的材料，剩下的一切都是水到渠成。折纸不但可以锻炼孩童的精细动作，不知不觉中加深对于空间、图形的认知，提高想象力与创造力。询问幼儿如何完成作品，可以帮助幼儿创编充满想象的童趣小故事，幼儿的表达能力又得到了锻炼，真是一举多得啊！

第三节　纸编玩教具与环境创设

一、纸编小知识

纸编是一种用纸作为原料，以经纬为基本结构，按照一定规律连续挑上、压下构成花纹的艺术。相对于竹、藤等传统编织材料来说，纸编的材料较软，易固定，安全性较高，不受季节、地域的限制，更容易获取，使用起来简单方便。孩童在纸编制作过程中不可避免地会运用不同的手指操作，手部小肌肉的控制能力得到了提升。纸编是一项不错的动手动脑的活动。

纸编意义不止于此。纸编是中国传统文化的瑰宝之一。挖掘、保护、传承中华非物质文化遗产是每个中国人的责任和使命。现在，很多人都致力于纸编文化的传承与开发。比如甘肃省平凉市文化馆干部、三级美术师赵美芳在整理纸编艺术理论时，从清代王士祯的《分甘馀话》、田艺蘅的《留青日札》追溯到唐人郑维描写的纸编艺术诗歌，间接证实了纸编艺术源于唐朝。[①]无独有偶，大同市传统工艺美术保护与发展协会会员的大同纸编艺术手艺人白海文，也潜心研究并宣传大同纸编。他认为，大同纸编是一项独具地域文化特色的传统手工技艺，是劳动人民的智慧结晶。每年端午节，大同纸编都会出现在老百姓家的门上、窗上等地方，寄托着人们祛灾纳祥、追求平安的美好愿望。

①吕俊平.军嫂赵美芳让纸编画艺术获新生［N］.解放军报，2002.

二、所需材料

纸编所需材料主要包括纸张和辅助工具。

纸张是纸编的主要材料。纸编一般选择具有一定厚度和韧性的纸张，如彩纸、旧挂历纸、报纸等，以确保编织出的作品具有一定的稳定性和美观度。纸张的颜色和纹理可以根据个人喜好和作品需求进行选择。

辅助工具则包括裁纸刀、尺子、铅笔、锥子等。裁纸刀用于裁剪纸张，使其符合编织所需的尺寸和形状；尺子用于测量和定位，确保编织的精度和整齐度；铅笔可用于在纸张上标记或绘制图案；锥子则用于在编织过程中辅助穿线和调整。此外，根据具体的纸编作品和风格，可能还需要一些额外的装饰材料，如珠子、彩带等，用于点缀和增强作品的美观度。

综上所述，纸编所需材料种类多样，但基本材料主要是纸张和辅助工具。准备好这些材料后，就可以根据自己的创意和喜好进行纸编创作了。

三、方法步骤

（一）平面编织

平面编织非常简单，它是以经纬为基本结构，按照一定规律连续挑上、压下，编成花纹。比如图4-14的彩色鱼，就需要多条纸条交错编织即可。

图4-14　平面编织

（二）立体编织

立体编织看似神奇，但编织步骤也非常简单。取四根长纸条，分别对折，然后呈井字摆放，交错编织抽紧，然后依次向上翻折编织。翻折时，如果折叠方向与出纸方向正好相反，编织的立体作品便会呈现长方体（左图），可以作为房屋搭建时的立柱等。如果折叠方向指向对角，则编织的立体作品呈圆柱形（如右图），可作为树干（如图4-15）、包包提手等。

图4-15　立体编织

四、纸编作品

图4-16　纸编作品

第四节　纸雕玩教具与环境创设

一、纸雕小知识

纸雕是指纸经过一定的切割、折叠、卷曲形成有起伏的造型。纸雕起源于我国汉代，古老的纸雕艺术主要孕育在民间艺术土壤中，发展缓慢却从未间断。在山西黎城，女儿出嫁的嫁妆中就有一件精美绝妙的纸雕艺术品——"样本子"（属地方方言，又称"花本子"）。这是母亲亲手为女儿折雕一件外观漂亮的、上下五层盒的纸雕嫁妆，里面分门别类地存放有男女老少各个年龄段所需要的各式鞋样、袜样、一年四季的帽样、绣花样、窗花样以及针头线脑等女红所需之物。这个立体多层的特殊嫁妆是当时的女性一生做针线活的"资料库"。[①]"样本子"不仅美观实用，还使纸雕艺术代代传承，有着非凡的文化底蕴和审美价值。

纸雕艺术发展到现在，我国出现了很多纸雕艺术家。李洪波的纸雕作品独具一格，他继承了中国传统挂饰"纸葫芦"的精髓，将成千上万张环保纸堆叠起来，粘贴成蜂窝状，再雕琢打磨，制成雕塑作品。流动性与艺术性并存的纸雕作品总是令人赞叹不止。李洪波将中国传统纸雕发扬光大，走出国门，在国际上颇具盛名。

图4-17　花开富贵（李洪波作品）

① 王璐.山西黎城纸浮雕"样本子"在当代的延续和发展［J］.造纸信息，2022.

二、所需材料

常规纸雕用材非常简单，有彩色纸、剪刀、刻刀、双面胶、白乳胶、泡棉双面胶、纸壳、垫板，等等。

三、方法步骤

（一）纸浮雕

纸浮雕是指把平面的纸艺立体化。如何实现立体化？无非就是通过折叠、卷曲、雕刻、拼插、粘剪。比如图4-18中幼儿作品《小兔子》，其耳朵是卷曲而得，鞋子是折叠而得，两只胳膊特意只固定了手部，胳膊呈悬空状态，加上小巧可爱的凸起的鼻子与活动的眼睛，一只活泼的小兔子形象跃然纸上。《风吹麦浪》这个作品中的月亮采用了反面雕刻，正面折叠出凸起的造型；4个文字采用雕刻镂空的形式；麦浪则是剪出纹样，把边缘的小纸条的根部外翻，有一定的立体感；另外，每一层的麦浪之间留有一定缝隙，以加强画面的立体感。这时，泡棉双面胶便是一个好帮手，它在起到固定作用的同时又增强了层次感。

总之，纸浮雕作品的制作步骤可以分为以下几步：一是构思，即构思想要制作的内容；二是画图，即形象要画得简练；三是平面立体画，即通过折叠、卷曲、雕刻、拼插、粘剪，改变纸的平面形象；四是组装，即按照之前的构思，将各个部分在底板上粘贴固定。在粘贴的过程中，可以巧妙地使用泡棉双面胶以增强画面层次感。

图4-18　纸浮雕作品

（二）纸圆雕

纸圆雕是指纸为原材料，可以多方位、多角度欣赏的三维立体纸艺雕塑。纸圆雕的方法与纸浮雕相似，也是通过折叠、卷曲、雕刻、拼插、粘剪这些步骤制作而成。只不过纸浮雕只能从正面和侧面欣赏，而纸圆雕则是全方位可欣赏的作品。制作纸雕可分免刻和手刻两种。免刻是指由机器按照图案的边缘轧出印，使用者只需用手指抠除多余材料，即可着手组装。比如图4-19的房子就是采用这种方法。手刻纸雕第一步是刻，刻出需要的镂空，再进行操作。

图4-19　纸圆雕作品

四、纸雕环创作品

纸雕作品不仅在幼儿园的环创中大量存在，其实在很多绘本中也可以看到纸雕的运用。一些洞洞书、立体书中，利用纸雕、折纸等元素，设计了很多与幼儿互动的机关，极大地吸引着幼儿反复操作。一些洞洞书的设计，则可以帮助翻书存在一定困难的低年龄段的孩子更好地阅读绘本。

图4-20　纸浮雕作品

第五节 盘纸、衍纸玩教具与环境创设

一、盘纸与衍纸小知识

盘纸，又称卷纸，是指运用牙签、镊子等工具，将纸条经过盘、编、剪、搓、捏、折、压、粘等手法制成零件，后拼成立体的工艺品的纸张立体艺术。其手法与中国传统技艺盘扣类似，进一步佐证了盘纸艺术是华夏大地土生土长的古老技艺。

宋代女词人李清照曾在《永遇乐·落日熔金》中描述了"铺翠冠儿，捻金雪柳，簇带争济楚"的情景，说的是正月十五的街巷，女子精心装扮，结伴赏花灯。"铺翠冠儿，捻金雪柳"是指女子戴上饰有翡翠羽毛的帽子，头上插满用金线捻丝做成的绢花。但并非所有女子都出身富裕之家，这些精美昂贵的饰物也并非人人都可以佩戴，所以很多装饰便用纸做成。盘纸艺术的第四代传承人严美娟讲过，在古代，女子将纸裁成条状，一点点卷成各种饰品，戴在头上或身上作为装饰，这就是盘纸的前身。①

无独有偶，同样身为四大文明古国的埃及，也存在一门相似的古老的技艺，它的名字叫作衍纸，而衍纸的另一个名字恰巧也是卷纸。衍纸是以专用的工具将细长的纸条一圈圈卷起来，成为一个个小"零件"，再将形状各不相同的小零件组合创作，形成不同画面的艺术形式。衍纸后来被15至16世纪的修女所掌握，用以装饰圣物盒和神画。后被贵妇人和闲暇妇女喜爱并发扬，并随着殖民进入北美。欧洲的衍纸艺术一直有较好的发展土壤，所以为更多人所熟知。

相比之下，中国土生土长的盘纸要发扬光大、走向国际还有较长的路要走，但是我们一直在努力。2015年，盘纸艺术已经被列为杭州市西湖区第四批非物质文化遗产。图4-21就是盘纸艺术的第四代传承人严美娟的代表作品《十里红妆》。《十里红妆》展示的是清末民国时期杭嘉湖地区的婚嫁习

---

① 盛慧.一寸盘纸 一念传承［D］.杭州：浙江传媒学院，2018.

俗。该盘纸作品中包含花轿、床、梳妆台、马桶、洗脚桶等，造型迷你、精巧细致。花轿中的新娘披着红盖头，红箱子里放着红马桶，非常逼真地还原了当时的婚嫁情景。

图4-21　严美娟作品《十里红妆》

《壮丽河山》作品是由纸韵衍纸艺术工作室的陈宝珍创作的。整个作品高2米，宽1.5米，耗时一年半。陈宝珍老师精心挑选了56种颜色，代表中国56个民族相亲相爱。各个省份使用不同颜色、不同形状的纸卷来填充。整幅作品色彩绚丽、大气磅礴，寓意祖国繁荣昌盛。

由此可以清楚地看出盘纸与衍纸最大的区别，盘纸艺术是立体作品，而衍纸艺术是平面作品。但其实衍纸也有立体作品。盘纸与衍纸是生长在不同土壤的比较相似的艺术。至于两者在发展过程中是否相互影响，目前尚没有切实的史料可以证明。

二、所需材料

盘纸与衍纸所需的材料有：彩色纸条、衍纸笔、模板、白乳胶、底板、镊子等。纸条的选择应注重回弹性，回弹性不同的纸条在制作时效果相差很大。衍纸笔有普通衍纸笔与电动衍纸笔。衍纸笔的笔头是一个凹槽，制作者将纸条放入凹槽中，转动衍纸笔，即可造型。根据需求不同，可以选择凹槽粗细不同的衍纸笔，比如多条纸条一起卷的时候，选择较宽的衍纸笔；需要特别紧实的结构时，选择较窄的衍纸笔。如果想要提高制作效率，那电动衍纸笔就是很好的帮手，可以极大地提高制作效率。当然，不借助衍纸笔，徒手操作也是可以的，但需要较长时间的摸索与练习，一般建议新手借助工具，以取得事半功倍的效果。在牙签顶部制作出一个小凹槽，也算是不错的自制小工具。模板则可以帮助我们制作大小或形状相同的零件，比如大小一样的眼睛图案、需要严格对称的图案，等等。

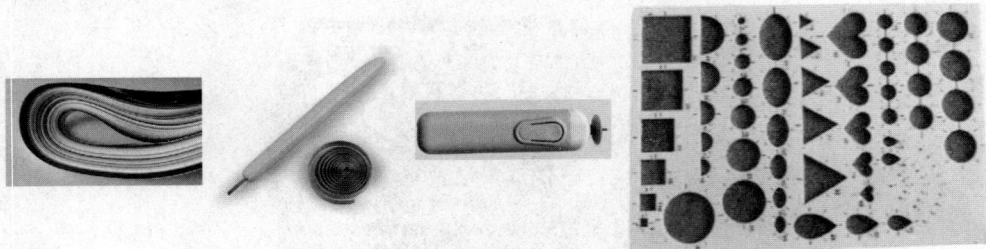

图4-22　盘纸工具

三、制作步骤

一个完整的盘纸或衍纸作品，一般来说可以分为四步：

第一步是构思。盘纸与衍纸的独特魅力在于它可以将现实中的事物还原。想要作品更加精致，就必须在构思时设计好每一个零件。

第二步是制作零件。精妙的结构、立体的还原，盘纸作品想要成功，离不开一个个零件。图4-23便是各种不同形状零件的制作，自左上到右下依次是紧卷、松卷、开卷、水滴卷、弯曲卷、眼形卷、叶形卷、半圆卷、爱心卷、方形卷。但其实，概括来讲，基本形只有两种，即紧卷与松卷。其他均可以看作是松卷的变形。当然，松卷也是紧卷的变形。我们将纸条的首端插入衍纸笔，连续转动至纸条的末端，用白乳胶固定，便可以获得一个紧卷。但倘若不固定，纸张会因自身韧性弹开，变成一个松卷（即图4-23中首行第二个图案）。我们只需将松卷的小尾巴用白乳胶固定起来，便得到一个松卷。松卷变化多端，可以随制作者的任意挤、压、按、捏而变成各种卷形。

第三步是组装固定。将零件按照构思的草图进行组装。组装可能是立体的，也可能是平面的。一般情况下都是边组装边固定，组装与固定同时进行。

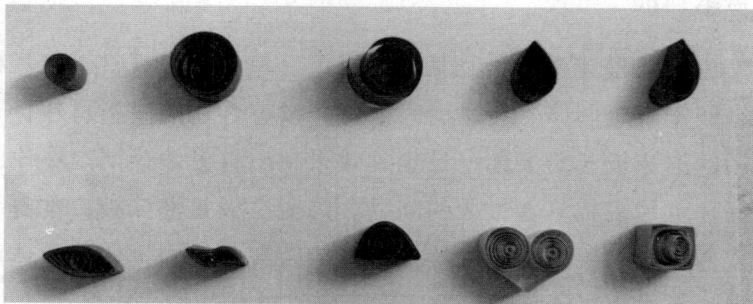

图4-23　盘纸形状

　　第四步是装裱或作防水防火防潮处理。平面衍纸一般会进行装裱。合适的相框是很好的装裱材料。由于衍纸画细节丰富、有厚度，因此衍纸作品都需要加厚的相框。中国盘纸作品多为立体，不适用相框装裱。因此每一件盘纸作品完成之后，最后一步都需要进行防腐处理，以延长作品的寿命。

　　《小雏菊》算是比较有特色的一种做法。看似精致富有层次的小雏菊，其实是两层紧卷的复合卷。花心是普通紧卷，而花瓣则采用了宽纸条，将纸条的一侧细条状剪裁，深度大概为纸条宽度的三分之二，然后将其中一端固定在内部的紧卷纸上，为剪开的那侧与中心紧卷保持齐平，再次转动，制作一个紧卷，直至纸条完全用完。将小细条由中心向四周按压，一朵精致的小雏菊就制作完成了。细条剪得越细，花朵的毛绒感越强、越精致。当然，细条可以剪得粗一些，处理成花瓣，也非常有美感。

图4-24　盘纸作品《小雏菊》

四、盘纸作品

图4-25中的《樱花盛开》是某年的春天，笔者有幸观赏了平坝樱花园的美景之后，回家有感而作。但是当时家里并没有合适的底板材料，于是找来一张装修用的泡沫板开始上色，没想到效果超出自己的预期。在作品完成之后，如何保存也是困扰笔者很久的问题。因为底板是泡沫板，本身就有一定厚度，加上作品本身层层叠叠的樱花远近疏密各不相同，造成整体厚度超过镜框的厚度，无法装裱。所以，最后采用保鲜膜覆盖的方式保存。

图4-25　盘纸作品

《飞屋环游记》是当时笔者观看了电影之后，甚是感动，在网上搜了一张海报，并用盘纸形式展现出来。整幅作品用了大量的最基础的紧卷、松卷，是一幅非常简单的作品。可见，无论是现实中的景色还是画面中的情景，我们都可以采用盘纸的形式展现。这种展现的过程，是非常有趣且治愈的。

孩子们玩盘纸可能会独辟蹊径。手部精细动作发展较好的孩子是完全可以独立制作盘纸作品的。而对于低年龄段幼儿，可以提供多种紧卷与松卷的材料，由孩子自由操作。图4-26中，可以看到小鸟、龙、兔子、鹿、金鱼等形象，没有一幅是完全的盘纸作品。小鸟是一个泪滴卷和一个三角卷的组合，并运用了剪纸技巧将身体连为一体，并附上了翅膀。龙的作品中，孩子将紧卷作为积木的一种，充当龙的角与爪子。小兔子的作品中可以看到孩子巧妙地剪出两只长长的兔子耳朵。鹿的作品中鹿角造型独特，且注意到了对称。前四幅作品无一例外都巧用了添画的形式。动物的眼睛、鼻子、嘴巴直接画出来，这是出自孩子的直觉。在无提醒的状态下，对于细节的处理，没有什么比直接画出来更加直截了当。最后一幅作品其实是一个故事。红色部分是金鱼，身上停了一只小鸟，粉色爱心的金鱼在对小鸟诉说对它的喜欢。谁能想到成人世界中的天敌在儿童的世界里便成了好朋友？看了儿童的作品，笔者不由得敬佩儿童，敬佩他们对材料的使用能力。成人在制作时，往往是被限制在同一种材料之中，比如做小兔子，成人更倾向于捏一个什么样的卷才更像兔子耳朵。儿童却敢于打破这些条条框框，耳朵用剪纸的形式，把耳朵的厚度与身体的厚度做出区别，其实这样是更贴近现实、尊重现实的。综上，我们应给予儿童充分的材料支持以及减少规则的限制。

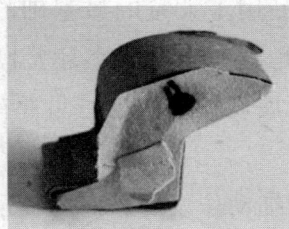

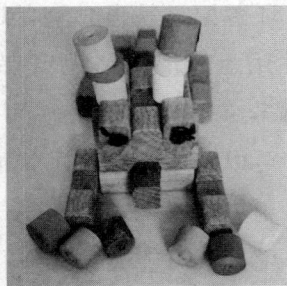

图4-26　儿童盘纸作品

　　图形套圈是在盘纸基础上制作的玩教具。图片中的设计只涉及了正方形、三角形和圆形。当然也可以设计更多的图形。该玩教具的玩法是将所有的盘纸零件放在上方较大的方框内。幼儿选择用一个杆去套出和杆子顶部相同的图案。可以多名儿童一起进行速度比赛，增强趣味性；也可做亲子游戏，当然也可一人玩耍。

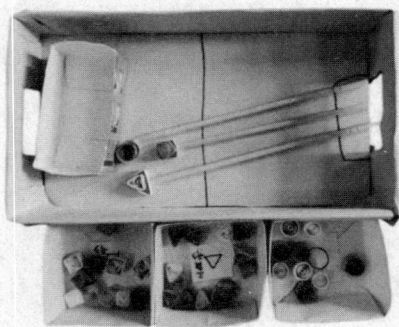

图4-27　图形套圈

第六节　剪纸、刻纸玩教具与环境创设

图4-28　剪纸、刻纸《清明上河图》作品

一、剪纸、刻纸小知识

剪纸、刻纸是我国一种古老的民间艺术。2006年，剪纸艺术就已经被批准列入《第一批国家级非物质文化遗产名录》。2009年9月，中国剪纸在联合国教科文组织保护非物质文化遗产政府间委员会的第四次会议上获批列入第四批《人类非物质文化遗产代表作名录》。剪纸的价值在国内及国际上都得到高度认可与重视。

据考，我国现存最早的剪纸作品出土于新疆吐鲁番阿斯塔那古墓，专家推测为6世纪时期作品。早在西周，就有关于周成王剪桐封弟的故事，在《吕氏春秋·重言》《史记·晋世家》及《说苑·君道》中均有记载。年幼即位的周成王与弟弟叔虞一起游戏时，将梧桐叶剪成玉圭的形状交给弟弟，并说用这个来分封。几天后，周公请求成王择吉日封叔虞。成王说："我和他开玩笑呢！"周公说："天子无戏言。"于是，周成王便把唐地封给了叔虞。无独有偶，东汉的崔寔就在《四民月令》中写道："京师立秋，满街卖楸叶，妇女儿童皆剪成花样戴之，形制不一。"

除了树叶这种材料，丝绸锦帛也是常见的剪刻材料。自古以来，我国民间就有剪缯帛作装饰的习俗，以驱邪引福。李商隐曾在《人日即事》中写

道："镂金作胜传荆俗，翦彩为人起晋风。"南北朝时期的荆楚之人，会在端午之前将艾草扎成虎形或用丝绸绫缎剪出小虎形，黏以艾草作为护身符。宋代陈元靓的《岁时广记·钗头符》中云："今谓之钗头符，端午剪缯彩作小符儿，争逞精巧，掺于鬟髻之上。"其中的小符儿，就是一种辟邪的五色头饰。再后来，汉代造纸术的发明及唐宋造纸技术的发展，使得剪纸艺术得以广泛传播。①唐代的首饰、鞋帽和铜镜，宋代的瓷器和蓝印花布，明代的夹纱灯和折扇，剪纸艺术在民间发展得欣欣向荣。至清代，剪纸则由民间走向宫廷，丰富皇室生活。

剪纸艺术历史悠久，发展至今仍深受广大人民热爱，在现代生活中应用广泛。不管是服装，还是建筑，甚至节目表演、灯光舞美，都会应用到剪纸艺术。

剪纸形象中还蕴含着深厚的文化意义。比如，剪纸葫芦谐音"福禄"，其枝茎被称为蔓带，谐音"万代"，所以葫芦有"福禄万代"的含义。葫芦多籽，故而也有"多子多孙"的美好寓意。又如剪纸常见的狮子绣球，其中狮子威震四方，有辟邪的寓意。狮子绣球象征美好、幸福的生活。再如喜鹊登梅，又称喜上眉梢，传说喜鹊能报喜，所以在民间喜鹊便作为"吉祥"的象征。此外，桃与"逃"谐音，有"逃灾辟邪"之意等。这样的剪纸艺术被赋予了极强的祈福意义。

二、剪纸、刻纸的种类

剪纸，是一种以纸为主要加工对象，以剪刀（或刻刀）为主要工具进行创作的镂空艺术。剪纸是一个统称，按照不同的分类标准，有很多分类方式。就工艺而言，可以细分为，以剪为主要操作的剪纸和以刻为主要操作的刻纸。

按用途可以分为以下几种：一是张贴类，即直接贴于门窗、墙壁、灯彩、彩扎之上，如窗花、墙花、顶棚花、灯笼花、纸扎花、门笺等；二是摆衬类，即用于点缀礼品、嫁妆、祭品、供品，如喜花、供花、礼花、烛台花等；三是刺绣底样类，用于衣饰、鞋帽、枕头的纹样，如鞋花、枕头花、帽花、衣袖花、背带花等；四是印染类，即作为蓝印花布的印刷，用于衣料，被面、门帘、包袱、围兜、头巾等。

---

① 万莉君.国家级非遗金坛刻纸的艺术特征与文化价值［J］.常州工学院学报（社科版），2022.

按照刻纸技巧分为阳刻与阴刻。阳刻是以线为主，剪去线以外的块和面部分。阴刻则是以面为主，只剪线条，保留块和面部分。当然，很多作品是阴刻、阳刻两种刻法相结合使用的。

按照颜色还可以分为单色剪纸和彩色剪纸。单色剪纸以红、黑、蓝色为主，红色最为常见。单色剪纸的主要表现形式为折叠剪纸、剪影。彩色剪纸的分类较多，常见的有套色剪纸、分色剪纸、点染剪纸、填色剪纸、喷绘剪纸等。套色剪纸是以阳刻为主，在需要套色的形状背面贴上各色彩纸。分色剪纸是两种或两种以上单色剪纸的组合拼贴成一个图案。点染剪纸、填色剪纸、喷绘剪纸均是剪纸与绘画技巧的组合。

按照地域可以分为以自贡剪纸、佛山剪纸、湖北沔阳剪纸、福建剪纸为首的南方派，以南京剪纸、扬州剪纸和浙江剪纸为代表的江浙派，以蔚县剪纸、山西剪纸、陕西剪纸、甘肃剪纸、山东剪纸为代表的北方派。大体上，北方剪纸的风格粗犷朴拙，天真浑厚；江南剪纸的风格则是精巧秀丽、玲珑剔透。

三、所需材料

剪纸最重要的材料便是手工宣纸，多为彩色，以红色最盛。手工宣纸质地薄、韧性好，是很好的剪纸材料。如果是以剪为主要操作的剪纸，那么还需要一把尖头剪刀。虽然普通剪刀也可以完成基础的剪纸作品，但是尖头剪刀在复杂作品中更为常见。另外，还需要铅笔完成底稿。

图4-29 剪纸的材料与工具

刻纸的工具相对要复杂一些，专业的工具需要剪刀、刻刀、蜡盘、磨刀石和铅笔。刻纸的专用刻刀非常锋利，且需要经常打磨。刻刀配合蜡盘使用，可以更好地保护刀头，延长刻刀的寿命。对于一些精细度不高的作品，美工刀和垫板是可以代替手工刀和蜡盘的。

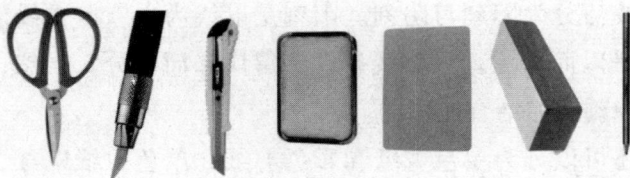

图4-30　刻纸工具

四、制作步骤

剪纸是一种古老的益智活动，我国著名儿童教育家陈鹤琴认为，低年龄的幼儿从事剪纸活动意义重大。通过剪纸，幼儿用双手尽情地表现和表达自己的情感和思想，能够很好地增强幼儿的动手能力和创造能力。

（一）剪纸的方法

1. 单面剪法

图4-31　单面剪法

单面剪纸就是在纸上画出事物轮廓，直接沿轮廓剪出图案。该方法是低年龄段儿童容易操作的剪纸形式。

2. 对折剪法

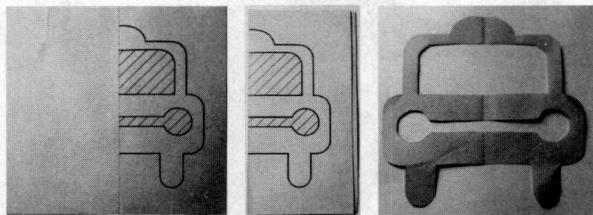

图4-32　对折剪法

对折剪法就是对折后在纸上画出事物的一半，沿轮廓剪出图案。然后打开，即可得到一个对称的图案。该方法不仅是低年龄段儿童容易操作的剪纸形式，而且趣味性强，对幼儿的空间想象能力和动手操作能力均大有裨益。

3．三折剪法

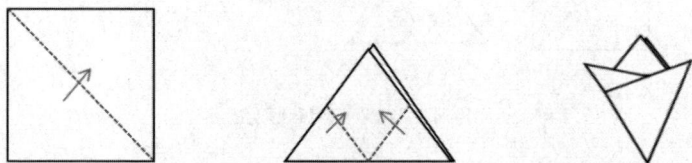

图4-33　三折剪法

三折剪法就是将纸张按照上图提示折出最后一个图形。然后，在最后一个图形上画出轮廓，沿轮廓剪出图案，将会得到三面对称的图案。

4．四折剪法

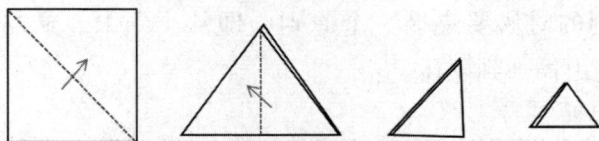

图4-34　四折剪法

四折剪法就是将纸张按照上图提示折出最后一个图形。然后，在最后一个图形上画出轮廓，沿轮廓剪出图案，将会得到四面对称的图案。

5．五折剪法

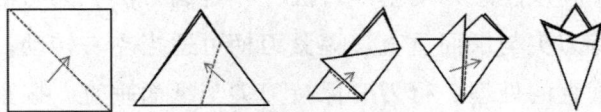

图4-35　五折剪法

五折剪法就是将纸张按照上图提示折出最后一个图形。然后，在最后一个图形上画出轮廓，沿轮廓剪出图案，将会得到五面对称的图案。

6. 六折剪法

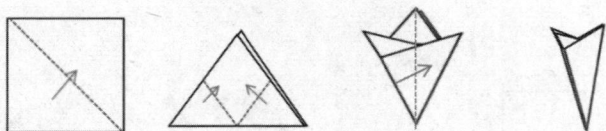

图4-36　六折剪法

六折剪法就是将纸张按照上图提示折出最后一个图形。然后，在最后一个图形上画出轮廓，沿轮廓剪出图案，将会得到六面对称的案。

（二）刻纸的方法步骤

起稿：用铅笔画出草图。

图稿剪纸化处理：把要剪去的部分用阴影形式标示出来。

剪刻：剪刻的时候要遵循一个原则，即从小到大、从左到右、由内向外、由细到粗、由局部到整体。

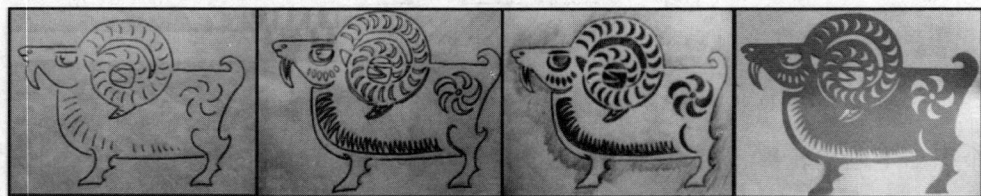

图4-37　刻纸步骤

剪刻的时候应该注意几个基本刀法：一是圆刀法。圆刀法适用流畅的曲线，行刀时保持刀尖与纸面垂直。握紧刀柄可适当左右转动。二是方刀法。方刀法适用于垂直的处理，行刀时保持刀尖与纸面垂直。握紧刀柄，直线运行，转折时呈90度，使纹饰呈现方形状。三是刀扎法，适用于细节的处理，比如头发、叶脉等。行刀时，根据图形需要一刀一刀扎刺，留下刀痕。四是针扎法，也是细节的处理，主要是用来扎刺刻刀无法实现的微小洞孔。

五、作品欣赏

图4-38　刻纸作品

　　精美的刻纸可以极大地考验制作者的耐心，在制作的时候全神贯注，在完成之后会获得极大的成就感，是比较适合成人的手工活动，而剪纸则是老少咸宜的活动。无论是几折剪法，在画底稿的时候都是充满创意的过程。可以尝试做个游戏：将图4-39右侧图遮住，凭左侧图推测完整图案的样子。类似的底稿，因为毫厘的差距，就可能有很大的差异。这个游戏会很好地锻炼孩子们的空间思维能力。

图4-39　剪纸作品

　　在幼儿痴迷剪纸的时候，可以准备一面剪纸墙，以激发幼儿的创作激情。除了单纯的剪纸作品展示外，还可以利用不同的图案鼓励孩子构图，并尝试讲述故事，这将更好地促进幼儿想象能力和语言能力的发展。比如图4-40，孩子在痴迷剪纸的时期，对于自己的作品格外珍惜，又特别想展示。临睡前，孩子想起近期学到牙膏可做胶水的经验，便将自己的作品一一粘贴在床头上。一个生动的故事由此展开：

在一个美丽的晚上，小兔子和他最好的朋友小鸟，坐在小板凳上聊天。

小兔子问："你觉得月亮像什么呢？"

小鸟说："像是咬了一大口的饼干。你觉得呢？"

小兔子说："像是妈妈给我剪的指甲盖儿。"

池塘里，两只小鱼在偷偷听着他们的对话。

图4-40　剪纸作品墙

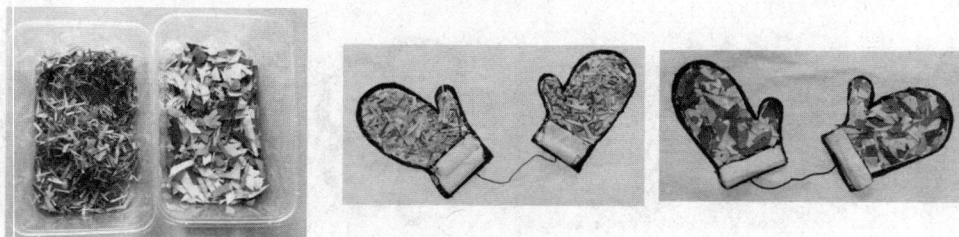

图4-41　剪纸碎屑及作品

　　剪纸过程中的碎屑不可避免，但其实只要善于利用，也是很好的手工材料。碎屑的形状和大小各异，这为创作提供了更多的可能性。我们可以将碎屑按照形状、大小进行分类，然后根据需要进行组合和拼接。这样，不仅可以创作出独一无二的作品，还可以锻炼孩子们的想象力和动手能力。利用碎屑进行创作，也是一种环保的生活方式。在这个倡导绿色、低碳的时代，将废弃物变废为宝，不仅可以减少垃圾的产生，还可以为人们的生活增添更多的乐趣和色彩。

以图4-41中的手套为例，我们可以将碎屑粘贴在手套上，制作出独特的纹理和图案。这样的手套不仅具有环保性，还充满了艺术气息。同时，我们也可以尝试将碎屑与其他材料相结合，创造出更多有趣的作品。

总之，剪纸过程中的碎屑并不是无用之物，只要善于利用，就可以将它们变成美丽而富有创意的手工材料。让我们一起发挥想象力，将这些碎屑变废为宝，为生活增添更多的色彩和乐趣吧！

第七节　纸浆玩教具与环境创设

图4-42　纸浆画

一、纸浆画小知识

纸浆画是以纸浆为主要原材料进行绘画创作的工艺作品。纸浆画颜色鲜艳，有浮雕效果。纸浆安全无毒，制作过程简单，质地柔软，可塑性强，且原材料丰富。纸浆画可以在木、瓷、玻璃、石、纸等多种材料上创作，不用烤制，晾干后即可成品。纸浆画的创作是一种充满耐心与童趣的活动。纸浆画是今人对古法造纸的简单模仿。同时借此向古法造纸致敬。

二、所需材料

制作纸浆画所需的材料丰富易得，主要有纸浆、颜料、底板、白乳胶、镊子或牙签。

纸浆画的彩色纸浆可以购买成品。成品彩色纸浆质地松软细密，易于细节的制作。现实生活中有很多材料可以用来制作纸浆，比如卫生纸、废旧作业纸、报纸等，质量较差、吸水性好、易软、易烂的纸更适合做纸浆画。

颜料可根据作品需要购买，也可以后期进行混色。

纸浆画的底板可以用硬纸板、木板等，以不吸水变形为佳。使用硬纸板为底板时，尽量选择较厚的纸板，并控制纸浆的水分，避免水分过多，蒸发时引起纸浆变形。表面附有油脂层的KT板不利于纸浆的黏合，晾干后会脱落，不是理想的纸浆画原料。

其余的材料为白乳胶、镊子或牙签，并无特别的标准。

图4-43　纸浆

三、方法步骤

（一）纸浆画的制作过程

1. 制作纸浆

将卫生纸或其他纸质撕成小块，放入容器里，少量多次加水浸泡，搅拌成泥状。若有条件，在此步使用研磨器，将小块的卫生纸打碎，即可得到非常细腻的纸浆，便于制作细节更加丰富的纸浆画作品。加水时，应注意水不宜过多，刚好让纸吸足水分即可。水分过多会引起串色，在后期风干后也容易引起作品变形。如果水分太少，在加入白乳胶后，容易过于干涩，无法充分搅拌，会影响后期材料的附着力。所以，加水时应少量多次，以达到最佳效果。

2. 制作彩色纸浆

根据作品需要制作相应颜色的彩色纸浆。将适量纸浆倒入小容器，再加入适量白乳胶和颜料搅拌均匀即可。可以是一种颜料，也可以是多种颜料，以混合出需要的彩色泥浆。

3. 选择底板、绘制草图

可用纸板或木板作为纸浆画的底板，例如，三合板就是较好的底板材料。在底板上根据设计图案绘制好大概轮廓。此外，还可根据需要选择适宜的工具，如小勺、牙签、镊子等。

4. 用纸浆绘图

将彩色纸浆按照设计铺放在底板上，再整理出理想的形状。精细位置可用牙签、镊子等工具来辅助。泥浆画的魅力之一在于保持画面的立体感，可以利用不同的工具让画面保持不同纹理。例如，图4-44中背景色为横纹，是由小卡片压制而成，花瓣和花心则是用牙签戳制而成。

图4-44　纸浆画细节

5. 风干

作品完成后，平放至阴凉处自然风干，纸浆画就制作完成了。纸浆画不仅材料安全环保，而且即使是同样的图案，也会有不同的肌理。也就是说，世界上不会存在一模一样的纸浆画。

（二）古法造纸

纸浆除了可以制作纸浆画，还有另一种玩法，就是古法造纸。

1. 制作纸浆

将废纸或卫生纸等撕碎放进水中浸泡，与纸浆画不同，古法造纸的水可以多放一些，需要较大的容器。在泡好的纸浆中加入造纸胶，这样制作出来的纸张更加平整，更有韧性。当然也可以不加入造纸胶，成品会更粗糙，纹理感更强。之后把纸浆搅拌均匀，成为糊状。

2. 抄出纸浆

将造纸框倾斜，放入盛有纸浆的容器底部，尽可能多地抄起纸浆，轻轻晃动，让纸浆更平整，并水平放置。

图4-45　古法造纸

3. 装饰纸张

抄出纸浆后，滤掉多余的水分。将各种花瓣、树叶、鲜草、干花等装饰物按照个人喜好，平整地贴在抄好的纸浆上。

4. 淋上纸浆

用勺子在整个作品上再薄薄浇上一层纸浆，一是固定花草，二是使花草若隐若现，增添美感。

5. 风干脱模

将造纸框水平放置，自然晾干，一般5~7个小时后就可以脱模，一张美丽的花草纸就做好了。

四、纸浆玩教具与环创作品

图4-46　纸浆灯笼

第八节　纸艺综合创意

世人常说温润如玉，纸给人的感觉何尝不是。早已进入电子化时代的现代人，依然无法拒绝纸的独特质感。纸，看似普通简单，实则变化无穷。折纸、纸编、纸雕、盘纸、剪纸、刻纸等技艺历史悠久，历久弥新。

当运用多样化的纸艺技巧来设计入园通知书时，我们深知这不仅仅是一纸普通的通知书，它更是连接幼儿园与家庭、孩子与未来的纽带。在设计过程中，既要确保通知功能的明确传达，又要通过匠心独运的设计，激发孩子们对幼儿园的无限向往，并向家长展示园所的专业素养与独特文化。

在构思通知书时，首先要明确其基本的通知功能。开学日期、所需材料清单、接送时间等关键信息，都将以清晰、醒目的方式呈现。我们会采用大号字体、加粗或颜色标注等手法，使这些关键信息跃然纸上，让家长能够迅速捕捉到关键内容。

除了基本的通知功能，我们还将巧妙地融入一些互动元素，以点燃孩子们对幼儿园的期待之情。比如，通知书上可能会设计一款可折叠的小立体模型，让孩子们亲自动手拼装。这一过程中，孩子们不仅能够提前感受到幼儿园的乐趣，还能在动手中增进对园所的了解与亲近感。同时，我们还会运用缤纷的色彩和生动的图案，为通知书增添童真与创意，让孩子们感受到幼儿园是一个充满欢声笑语、激发创意的乐园。

此外，通过入园通知书展示园所的实力与文化也是重要目标。我们会详细介绍园所的教育理念、优秀的师资力量、先进的教学设施等，让家长对园所充满信心。同时，我们还将展示园所举办的一些特色活动和孩子们取得的成果，如精美的绘画作品、富有创意的手工制作等，让家长感受到我们对孩子们全面发展的重视与关注。

综上所述，设计入园通知书时，我们既注重基本通知功能的实现，又通过巧妙的设计和互动元素，激发孩子们对幼儿园的向往之情，并向家长展示园所的专业素养与独特文化。这样的入园通知书不仅是一份实用的通知，更是一份承载着孩子们美好回忆与憧憬的珍贵纪念品。

图4-47　纸艺入学通知书

第五章　妙"布"可言——布艺玩教具与环境创设

第一节　妙不可言的布文化

布的最大魅力在于其柔软且安全。这种触感上的细腻温柔，不仅给予肌肤舒适的抚慰，更能在心灵深处播撒温暖的种子。回溯至20世纪50年代末，美国威斯康星大学的动物心理学家哈里·哈洛进行了一项颇具争议的恒河猴实验。他将初生的小猴子置于笼中，并用铁丝和绒布分别制作了两位"代理母亲"。尽管铁丝母猴能够提供食物，但小猴子在饥饿之外的大部分时间里，更愿意与绒布母猴为伴，寻求那份难以言喻的安全感。这一实验深刻揭示了孩童对柔软触感的渴求，也进一步证明了布艺玩教具在玩具界中无可替代的地位。

布艺玩教具的制作历史源远流长，可追溯到遥远的古代。那时，人们用布精心缝制出各式各样的布偶，供孩子们嬉戏玩耍。许多传统的玩教具，如沙包、蹴鞠球等，都是用布料精心缝制而成，它们承载着古人的智慧与情感，陪伴着一代又一代孩子的成长。

玩教具的制作是一项综合性的艺术，粘贴、缝制、填充等环节缺一不可，而缝制更是其中的精髓所在。缝纫与绗缝的历史悠久，可追溯至公元前200年至公元400年。在我国出土的古老植物纤维平纹织物残片上，已能见到绗缝的精细线迹，表明当时的人们已熟练掌握绗缝技艺，用以制作日常用品与服饰。到了公元8世纪，丝绸之路的商人们通过骆驼和马匹，将绗缝工艺制作的羊毛鞋等商品从中国运往欧洲，促进了东西方之间的文化交流和贸易往来。早期的绗缝技艺还常用于将碎布拼接成整块面料，用于制作被褥、坐垫、棉衣、棉裤等实用物品，不仅节约了面料资源，更增强了物品的耐用性和保暖性能。这一技艺既体现了古人的智慧与匠心，也为后世玩教具制作提供了宝贵的灵感与借鉴。

图5-1 布艺玩教具

当第一个宝贝在我肚子里慢慢长大的时候，我的内心充满了幸福的期待。而且还滋生了一个很不切实际的想法：我要让她拥有世间所有的美好。我常常听着莫扎特，临摹着千字文……当我看到育儿理论中幼儿可能会对物品产生依赖的时候，我就想，有什么比妈妈亲手制作的玩偶更适合作为依赖物呢？说干就干。当时正好有一件黄色的T恤，因为穿了太多年而有了破洞。但料子软软糯糯，手感甚好。不自觉地，我想到了外婆曾经为我制作的三只布偶之一，最小的"宝珠"，是一个头顶着帽子的娃娃，这样就省去了做头发的麻烦。而且，对于婴儿来讲，玩偶尽量简洁易清洗。毛毛絮絮的材料会平添很多安全风险。这件黄T恤做帽子正好。身体用什么来制作呢？之前就有看到过利用袜子制作娃娃的新闻，加上我希望这个娃娃圆滚滚的，胖嘟嘟的，圆筒状的袜子正合适。由于袜子的弹性，还可以便于我适当调整它的形状。这是我第一次做玩偶。虽然不够精致，但是大方向是没有错的：先构思，确定材料，而后是主体在前，细节在后。娃娃的身子，只是简单地用珍珠棉塞满袜筒，然后在三分之一处穿针引线，抽绳打结。然后，就是比画着头围做帽子，本着最大程度地利用布料的原则，我设计了一个超长的、弯弯的帽子，有点滑稽，也有点可爱。当时家里并没有缝纫机，我只能选择手缝。我边缝制，边有一些奇妙的想法。比如，我想缝一封信到娃娃的肚子里。信里写满我对宝贝的爱与期待。等到孩子长大识字了，就可以打开阅读。后来又想到娃娃的清洗问题，可能会把信件洗坏。将信加一个密封袋子，就可以保护信件了。但是密封袋可能会引起烘干的难题，万一在里面发霉就糟了。最终只好放弃了这个浪漫的想法。缝好身体和帽子之后，觉得它很像小雪人，有点单调。要不缝几颗漂亮的小扣子？转念一想，万一稍不留神，扣子的线被宝宝咬断，扣子卡到喉咙怎么办？马上又否定了这个愚蠢的想法。最后，看到旁边食品包装盒的提手，恰好也是黄色，和帽子也很搭配，心想：嗯嗯，就是它了。

至今可以回想起当日的情景：灯光下，餐桌前，我身着加棉加厚的家居服，笨拙地缝制着丑丑的娃娃。窗外寒风呼啸，心里温暖如春。整个画面氤氲着台灯的昏黄，模糊着却也清晰着。也是在那个时候，在我生疏的一针一线中，忽然间就热泪盈眶，特别特别想念若干年前为我缝制玩偶的外婆，只是儿时的我并不懂得这简单的玩偶里倾注了多么深沉的爱怜。

后来，我的宝贝呱呱坠地，出乎意料地爱上了那个其貌不扬的丑娃娃。尽管它没有灵活的动作，没有悦耳的声音，也没有绚丽的灯光，甚至在外表上也并不显得多么精致高端。然而，我的宝贝却对它情有独钟，她细心地摆弄着它，深情地吸吮着它，紧紧地拥抱着它，甚至拖着它四处游走……哪怕它已经变得破旧不堪，她依然不愿遗弃它。

看着孩子对那个娃娃的深深喜爱，我的内心充满了感动。我深深地体会到，那份外婆给予我的深沉的爱，如今又如同涓涓细流般传递到了我的孩子身上。这份爱，温暖而持久，流淌在三代人的心间，成为我们生命中最为珍贵的纽带。

表5-1　常见布艺玩教具和环创材料

名称	特点	适用范围与场景
棉布	优点：轻松保暖，柔和贴身，吸湿，透气性佳 缺点：易缩、易皱，不够挺括美观	布艺玩偶的衣服等
麻布	是麻类植物纤维制成的一种布料 优点：强度极高、吸湿、导热，透气性甚佳。 缺点：外观较为粗糙、生硬，穿着不甚舒适	布艺玩偶的衣服、娃娃家的装饰等
丝绸	优点：轻薄、合身、柔软、滑爽、透气、色彩绚丽，富有光泽，高贵典雅，舒适。 缺点：易生褶皱，容易吸身，不够结实，褪色快	布艺玩偶的衣服，或是皮肤等等

名称	特点	适用范围与场景
呢料	优点：防皱耐磨，手感柔软，高雅挺括，富有弹性，保暖性强 缺点：洗涤较困难，面料较厚，手工缝纫难度大	有立体度需要的事物等
绒料	优点：面料厚、手感好、保暖性佳。绒细腻且密，不露织纹，因此可以隐藏缝纫的痕迹，缝工差的人更适合 缺点：洗涤较困难	毛绒感的动物、人物等
皮革	优点：轻盈保暖，雍容华贵 缺点：价格昂贵，贮藏、护理方面要求较高，不宜普及	高档玩具的制作
化纤	优点：色彩鲜艳、质地柔软、悬垂挺括、滑爽舒适 缺点：耐磨性、耐热性、吸湿性、透气性较差，遇热容易变形，容易产生静电	可作装饰
混纺	吸收了棉、麻、丝、毛和化纤各自的优点，尽可能地避免了它们各自的缺点，价格相对低廉	应用比较广泛
无纺布	防潮、透气、柔韧、轻薄、阻燃、无毒无味、价格低廉，可循环利用，无纺布没有经纬线，剪裁和缝纫都非常方便，材质轻，容易定型	布书、布艺挂件等
羊毛毡	具有非编织性、一体成形性、保暖性、防水性、抗燃性、固色性、隔热性	羊毛毡玩偶或挂毯
珍珠棉	洗后易恢复蓬松，不容易跑位，柔软性和缓冲性很好，导热率很低，隔热性很优	玩偶内部的填充物
pp棉	回弹性好，手感爽滑，保暖性好	玩偶内部的填充物
羽绒棉	轻薄，手感细腻柔软，保温好，不易变形，不易漏丝，水洗不变形	玩偶内部的填充物
针线	不同颜色的线用于不同的材质，粗细不同的针	缝纫
活动眼睛	逼真，用于眼睛的制作	玩偶的眼睛

第二节　立体玩偶

一、布艺玩偶小知识

布艺玩偶在我国的历史非常悠久。传统布艺是中华民族劳动人民智慧的结晶。不同地区的布艺玩偶不尽相同，体现出各自的地域特色和深厚的文化底蕴。

在古代，为了祈福的需要，婴幼儿的穿戴多与"虎"和"五毒"（五毒即蟾蜍、蝎子、蛇、蜈蚣、壁虎）相关，如虎头鞋、虎头枕、虎头围嘴、虎头帽、布老虎以及五毒鞋、五毒肚兜、五毒摆件、五毒耳枕、五毒挂件、壁虎鞋等。[①]有的地方会制成虎头串，即将虎头、扫帚、簸箕、黄瓜、葫芦等连成一串，挂在身上，象征着虎镇百兽，扫除鬼怪、邪恶和疾病。还有的地方新媳妇在婚后走娘家回来时，有赠送婆家人亲手制作的收纳盒、荷包的风俗。这种风俗世代流传，慢慢演变出专门从事布艺玩偶的手工艺人。再后来，科技的进步，机器取代人工，布艺玩偶走上了批量生产之路。

另一个容易混淆的词汇就是公仔，是20世纪70年代中国港澳地区随着动漫产业兴盛发展的新词汇。公仔分软体公仔与硬体公仔，只有软体公仔与布艺玩偶的范围大致相同。

二、所需材料

制作布艺玩偶所需的材料有各种材质的布料、各种颜色的线、针、填充物。填充物可以是棉花，也可以是pp棉、珍珠棉、羽绒棉等，不同的材质特点不同、手感不一，可以根据需求自行选择；有些时候，也会是一些小颗粒，例如小米、豆子等。布艺玩偶的制作需要打样、下样，这时，水消笔或气消笔便是好帮手。水消笔遇水痕迹消除；气消笔遇气一段时间后，痕迹消除。

---

① 李敏，江会超，武思宇.景县传统非遗布艺旅游纪念品开发设计［J］.丝网印刷，2022.

三、方法步骤

布艺玩偶的制作方法并不复杂，大概要经过以下步骤：

（一）设计

设计自己想要制作的玩偶，确定是怀抱布偶、表演布偶，还是装饰布偶。依其形象、功能，选取适宜的布料。

（二）下样

根据需要设计好纸样，将尺寸、形状准确地画出来。修剪纸样，把纸样固定在布料上，用剪刀沿着纸样修剪布料，注意剪出缝制的余地，不同布料所需预留不同，大约在5~10毫米。

（三）缝制

把两片布料对齐，反面缝制，预留一个小口。缝制完毕，就把布料从预留小口翻转出来。

（四）填充

选择适宜的填充物填进布艺玩偶中，填充物越丰盈，作品会更加饱满。

（五）封口

填充完毕，将预留小口缝合。

（六）补充细节

钉上五官、扣子、装饰物，或者是采用填满缝法缝制五官、装饰物，使作品更加灵动。在布偶制作中，钉纽扣一般是为了钉眼睛。纽扣通常分为实用扣和装饰扣两种，具体分为单眼扣、二眼扣、四眼扣等。单眼扣钉好后，正面不见线痕。二眼扣钉好后，呈"一"形。四眼扣钉好后，正面的线呈"X"形或"＝"形。在补充细节的时候，应注意将线留在玩偶内部，这样作品会更加美观。

缝纫是布艺玩偶制作的主要技巧。缝制的方法千变万化，在布艺玩偶制作过程中，为保障玩偶的质量与制作效果，不同的部位或者不同的需要，采用的针法各不相同。比如，布样缝合或钉纽扣、锁边等，所用针法就各有千秋。虽然缝纫机可以使效率极大地提高，但很多人仍然喜欢最传统的手工缝纫。手工缝纫时，取线的长短颇有讲究，太长容易缠线，太短则影响效率，一般以一臂长度为宜。缝纫中常用的针法有：

（一）平针

平针又称攻针或拱针，用于缝制两层或多层布料，是手工缝纫最基本的针法。穿针引线打结，从布料一端出针，一上一下、自右向左（左利手则方向相反），按设计的缝纫线路，连续地、针距均匀地向前缝制。缝制过程中，可一次一针，也可一次数针后一次性抽线。

（二）回针

回针又称勾针，用于布艺玩偶的着力部位，如怀抱布偶的胳膊、手套布偶的手指等部位。另外，回针也适用于弹性面料的缝合，会使面料更加牢固，内部填充物也不易露出。在用回针法缝制时，每向前缝一针，再向后缝半针，以这样的缝纫规律继续向前缝制。布艺玩偶的眼睫毛与嘴巴等细节也可以应用回针法。

（三）缩口缝

缩口缝用于头或者身体等部位塞满填充物后的大面积的开口缝合。玩偶内部填充好材料之后，采用平针缝制一圈，抽紧线绳。然后在缩口上来回打十字结固定缩口。缩口缝的缝口不够美观，一般在后期的缝制过程中会进行遮挡或者美化。

（四）藏针缝

藏针缝用于暴露于外部的开口的缝合或布偶各部分之间的连接，如头与身体的缝合。上缝一针，对应地下缝一针，边缝边拉紧。缝口比较平滑，能够隐匿线迹，相对比较美观。

（五）锁边缝

锁边缝用于经纬线松散布料的固定。在布艺玩偶的制作中，可以作为装饰。在两片布料中藏针，选择一片布料出针，将线绕在针的下方，向另一片布料出针，每次出针都绕一下线，以此类推地缝制即可。

（六）打结法

打结法就是缝线收尾的打结。在制作布艺玩偶时，可以用来表现雀斑或胡楂，也可以是水果的籽等。

四、布艺玩偶范例欣赏

布偶，作为一种充满创意与趣味的手工制品，其种类繁多、形态各异。根据其用途和构造，布偶大致可分为怀抱布偶、头套布偶和指套布偶三类。

（一）怀抱布偶

怀抱布偶，顾名思义，是可以拥抱在怀中的布偶。这类布偶通常体型较大，制作精细，填充物充足，给人一种柔软舒适的感觉。它们形态各异，有的设计成可爱的动物形象，如小熊、小兔；有的则是以人物形象出现，如卡通角色或童话人物。怀抱布偶不仅是孩子们的好伙伴，陪伴他们度过欢乐时光，也是成年人在繁忙生活中寻求慰藉与放松的良伴。

图5-2　怀抱布偶1

图5-3　怀抱布偶2

（二）手套布偶

手套布偶，又称手偶，可以把手伸进布艺玩偶体内，一般是手臂或是嘴巴可以操控，用以玩耍、表演。例如，下图中的大老虎、小狐狸等都是手套布偶。手套布偶在为儿童讲述故事时可以起到意想不到的效果，也是激发儿童利用手偶讲述故事的好帮手。

图5-4　手套布偶

（三）指套布偶

指套布偶，是一种小巧玲珑的布偶，可以套在手指上进行玩耍。这类布偶通常设计简单，但充满趣味。指套布偶用材少、形象可爱、操作简单，深受幼儿的喜爱。指套布偶，它们或是形态可爱的小动物，或是带有某种象征意义的图案。指套布偶便于携带，可以随时随地玩耍，是孩子们在户外或旅行中的好伴侣。

图5-5　指套布偶

五、儿童布艺作品

儿童在最初接触布艺的时候，可以先从钉扣子开始。例如，对于幼儿喜欢的毛绒玩偶，孩子可以选择自己喜欢的扣子对毛绒玩偶进行点缀装饰。一方面，锻炼了儿童的精细动作的能力、审美能力；另一方面，玩偶经过幼儿亲手点缀之后，变成了独一无二的款式，拉近了儿童与玩偶的距离，这种联结赋予了玩偶独特的意义。此外，等到幼儿可以较熟练地使用针线时，幼儿会自发尝试为玩偶制作衣服或装饰衣服。图5-6左侧玩偶裙子上的小兜兜是幼儿在玩耍中产生的想法。在幼儿的想象游戏中，幼儿赋予玩偶一个早餐店老板的身份，并制作了代币。在实际游戏过程中就发现，玩偶收钱之后无处存放，遂萌生了为玩偶增加口袋的想法，并将这一想法付诸实践，成人只需提供充足的材料即可。

图5-6 儿童布艺作品

可爱的刺绣可以让幼儿对布艺缝纫技术更加自信。比如图5-6中的小兔子刺绣，图案的边缘采用的是回针绣，而耳朵与腮红部分采用的是填满绣。当幼儿拥有布艺制作的自信，他就可以大胆地利用布艺完成自己需要的设计。比如，图5-6中的提包、娃娃家的窗帘。

第三节　平面布贴

图5-7 布贴

一、布贴小知识

布贴艺术起源于智慧的劳动人民对破损的衣物进行的缝补。为了使补丁更加美观，也为了充分利用碎布头，劳动人民逐渐制出花样并补在衣服上，形成布贴，逐步演变成布贴艺术。

在布贴艺术中，以阳新布贴最负盛名。古时，"布角包"是很多阳新一带的姑娘出嫁的必备品，缝制嫁衣等用品时剩余的各种布头便装在其中。过门后，利用这些碎布头为小宝宝缝制衣物、涎兜、罩衣、鞋帽等。阳新布贴的花色图案取材于民间故事、民俗风情和乡间景物，这种布贴衣物结实耐磨、美观生动，兼具实用性与艺术性，成为当地礼赠他人的佳品。1986年，阳新布贴首次亮相"湖北民间美术展览"。1987年，亮相于北京"第一届中国艺术节"的阳新布贴被人民日报、光明日报、中国文化报等给予了高度评价。1988年，《中国文学》英文版首次将关于阳新布贴的专题文章和一组彩照向海外传播。阳新布贴从此走向了世界舞台。

二、所需材料

布贴艺术的材料主要包括各种布料，如棉、麻、丝绸等，以及用于粘贴和固定的辅助材料。具体来说，棉和麻布料常用于制作布贴画的基底，而丝绸或其他带有精美图案的布料则常被用作贴花，为作品增添丰富的视觉效果。此外，制作布贴画还需要准备蓬松棉、铅笔、图稿纸、纸板、复写纸、白乳胶、剪刀等辅助工具和材料。

在创作过程中，可以根据自己的设计，使用工具将布料剪裁成各种形状和图案，然后通过粘贴、叠压和缝制等手法，将这些布片组合在一起，形成具有独特艺术魅力的布贴作品。

值得一提的是，布贴艺术所选用的布料本身所具有的色相、纯度、明度、纹样和肌理都可以作为表达元素，使得这些看似堆叠无序的各色布料能够带来令人惊奇的艺术美感。

总的来说，布贴艺术的材料丰富多样，可以根据不同的创作需求和艺术风格进行选择。通过精心挑选和巧妙运用这些材料，可以创作出丰富多样、独具特色的布贴艺术作品。

三、方法步骤

（一）贴布绣

第一步，构图。根据设计，画出底稿。也可根据底稿，下好纸样。

第二步，选料。不同材质的布料，展示的效果不尽相同。应根据部位，选择最能表现作品的材料。比如一些经纬线比较疏松的布料，可以挑出部分经线、纬线，以此营造动物的毛流感。

第三步，硬化熨烫。部分布料的材质很软，容易卷边起翘，还容易脱丝，需要做硬化处理。方法是将柔软布料背面涂上糨糊并晾干，可实现布料的硬化。还可将糨糊中加入明矾，以起到防腐的作用。对晾干后的布料进行熨烫，即可得到非常好的布贴材料。

第四步，剪裁布料。按照底图进行修剪，也可按照纸样修剪。

第五步，拼图固定。将修剪好的布料拼贴在一起，根据最终效果进行调整。

第六步，缝制。用针线沿着布料边缘锁绣，将其固定。还应根据需要进行细节加工。一幅布贴画就完成了。

图5-8　贴布绣作品

（二）嵌布画

嵌布画是布贴画的简易版，非常容易制作。网上可以购买到嵌布画的材料包，不会使用针线的低幼儿童也可以操作。嵌布画的材料包中配有已经画好痕迹的底板。

第一步，依次撕掉底板上的覆膜，漏出背胶。在操作时，不宜将所有覆膜一次取下，应该一次只取走一块覆膜。

第二步，找到对应颜色的布料，粘贴在露出背胶的地方，并沿边缘剪出背胶形状。注意应该预留5毫米左右的布料，方便后期嵌入。

第三步，用针沿着底板缝隙将多余的布料嵌入缝中。

第四步，将其他部分重复以上步骤，直至整个画面完成。

第五步，可适当粘贴一些装饰品，增加细节。

图5-9　嵌布画作品

（三）无纺布贴画

第一步，构图。根据设计，画出底稿。也可根据底稿，下好纸样。

第二步，选料下样。按照设计把不同颜色的无纺布下样。

第三步，拼图固定。将修剪好的无纺布布料拼贴在一起，根据最终效果进行调整。

第四步，缝制或粘贴。采用缝制方法，即用针线沿着布料边缘进行锁边绣，将其固定。这样的方法会让无纺布贴画更加牢固、经久耐用，也适用于布书的制作。如果只是装饰画，就用粘贴的方式，更加便捷。

图5-10　无纺布贴画作品

四、布贴作品

图5-11　布贴作品

第四节　布书

一、布书小知识

布书，这一独特的儿童读物形式，起源时间可追溯到数百年前，最初的设计初衷是为了让婴幼儿在玩耍时不易将书撕破，从而避免可能因误食纸制品而造成伤害。

随着时间的推移，布书逐渐发展，不仅具有实用价值，而且具有丰富的教育意义。1893年，法国的一位儿童画家用植物颜色在布上绘制图案，并缝制成了世界上第一本专为婴幼儿制作的布书。这一创新之举迅速传播开来，受到了越来越多儿童教育专家的关注和推崇。

经过几个世纪的发展，布书在欧美等国家尤为普及，并形成了专业的研发部门。这些部门汇集了儿童教育、心理、社会、行为、艺术、保健等领域的学者，致力于布书的研发与创新。布书的内容也日益丰富多样，涵盖了动物、汽车、水果等各种主题，其形象生动、色彩鲜艳，深受儿童喜爱。

如今，布书已成为儿童早教的重要载体。它柔软安全、触感温柔，不仅能提供视觉和触觉的双重刺激，还能激发儿童的想象力和创造力。布书的发展历程，不仅是一段文化的传承，更是对儿童教育理念的不断探索与创新。

布书作为一种独特的儿童教育工具，其历史深远，不仅在国际上有着广泛的传播和影响，而且与中国古代的文化传统有着千丝万缕的联系。谈到布书，我们首先要回溯到中国古代的织物文化和手工艺传统。自古以来，中国就以其精湛的纺织技艺和丰富的手工艺品闻名于世。在古代，布料不仅是人们日常生活中不可或缺的物品，还是艺术创作的重要媒介。从丝绸到棉布，从刺绣到绘画，中国人在布料上展现了无尽的创意和匠心。

在这样的文化背景下，布书作为一种集教育、娱乐和艺术于一体的儿童读物，自然与中国古代的文化传统有着紧密的联系。虽然现代意义上的布书起源于西方，但其核心理念和制作方式与中国古代的某些文化形式有着异曲同工之妙。例如，中国古代的民间玩具和工艺品中，不乏用布料制作的玩偶和图案。这些玩偶和图案往往色彩鲜艳、形象生动，既具有观赏价值，又能引发儿童的好奇心和想象力。这些元素与布书的设计理念不谋而合，都是希望通过富有创意和趣味性的方式，激发儿童的学习兴趣和创造力。此外，中国古代的教育思想也强调寓教于乐，注重通过日常生活中的点滴细节来培养儿童的品德和才能。布书作为一种寓教于乐的教育工具，正是这一思想在现代教育中的体现。

因此可以说，布书与中国古代的文化传统有着深厚的渊源。它不仅继承了中国古代织物文化和传统手工艺的精髓，还融入了现代教育的理念和方法，成了一种深受儿童喜爱的教育工具。

二、所需材料

制作布书主要需要以下材料：

棉布：布书的主要材料，因其柔软、轻便、透气性好等特点，很适合用来制作书籍封面和内页。根据布书的内容和受众群体的喜好，可以选择不同花色的棉布。

填充物：中间一般填充棉花或海绵，给宝宝带来柔软、舒适的感觉，增强宝宝学习、玩耍的乐趣。

其他装饰材料：如玩偶、摇铃、搭扣、魔术贴、安全的玩具镜、多种触觉训练材料等，这些是根据学习功能的需要，结合布书的内容而精心安排的。这些元素既能增加布书的趣味性和互动性，吸引宝宝的注意力，又能提升宝宝的学习体验。

缝纫材料：如线、针等，用于将棉布和其他材料缝制在一起，形成布书的整体结构。

请注意，所有的材料都应该是无毒的、安全的，以保证宝宝的健康。此外，制作过程中要注意精细，确保布书的耐用性和美观性。制作完成后，可以根据需要添加一些装饰性的元素，如亮片、彩带等，使布书更具吸引力。

三、方法步骤

布书制作的方法与步骤可以根据不同的设计理念和目标受众进行灵活调整，但大体上可以分为以下几个步骤：

（一）确定布书内容与主题

明确布书的目标受众是婴儿、幼儿还是更大一些的儿童，然后根据受众的年龄和兴趣确定布书的内容和主题。比如，如果是针对幼儿的布书，可以选择一些简单的动物、植物、交通工具等作为主题。

（二）准备材料

根据布书的内容，准备所需的棉布、填充物、缝纫材料以及装饰材料等。确保所有材料都是安全的、无毒的，适合儿童使用。

（三）设计布书结构

设计布书的整体结构，包括封面、内页、尺寸、形状等。可以使用纸张或绘图软件画出草图，以便更直观地看到布书的效果。

（四）剪裁与缝制

根据设计，将棉布剪裁成相应的形状和尺寸。然后，使用缝纫材料将棉布缝制在一起，形成布书的封面和内页。在缝制过程中，可以根据需要添加填充物，使布书更具立体感和触摸感。

（五）添加装饰与功能元素

根据布书的设计，添加各种装饰和功能元素。比如，可以缝制上玩偶、摇铃等玩具，或者贴上魔术贴、搭扣等，以增加布书的趣味性和互动性。

（六）检查与调整

完成布书的制作后，仔细检查每一个部分，确保没有松动的线头、尖锐的边缘等安全隐患。同时，根据需要对布书进行调整和优化，使其更符合不同年龄阶段的需求和喜好。

请注意，布书制作需要一定的手工技巧和经验，初次尝试时可能会遇到一些困难。但是，通过不断学习和实践，就可以逐渐掌握这门技艺，制作出精美、实用的布书来。

四、布书作品

（一）绒布书

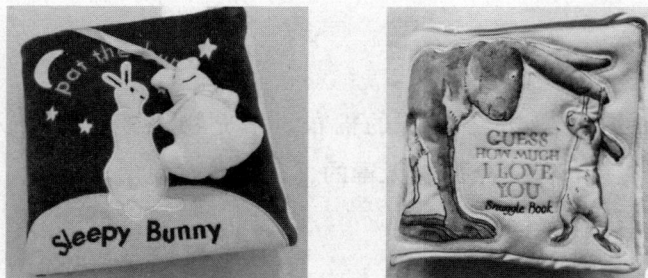

图5-12　绒布书

绒布书是采用绒布材料制作而成的软性益智读物，特别适合婴幼儿使用。绒布书的表面毛茸茸的，手感柔软舒适，给人一种温暖和亲切的感觉。

此外，绒布书设计多元化，有多种触觉训练材质，给宝宝提供了主动感知、探知的机会。

绒布书具有娱乐性和教育性，其材质和设计还使其相对耐用，容易清洁，减少了宝宝玩耍时因尘埃引起的过敏风险。因此，绒布书被公认为"小宝宝最好的软性益智读物"，深受婴幼儿教育专家和家长们的广泛推崇和欢迎。

（二）手工布书

手工布书多采用不织布作为原材料，是基于不织布的特性和手工布书制作的需求所作出的选择。不织布，又称无纺布，是一种不需要纺纱织布而形成的织物，它直接由纤维通过热熔或黏合而成。这种材料质地轻盈、柔软且富有弹性，手感舒适，非常适合用于制作儿童书籍。同时，不织布的色彩鲜艳且不易褪色，能够吸引孩子的注意力，激发他们的阅读兴趣。在手工布书的制作过程中，不织布的可塑性和耐用性也为其加分不少。制作者可以根据需要裁剪、缝制出各种形状和图案，创造出丰富多样的视觉效果。此外，不织布还具有一定的防水性，即使孩子不小心将书弄湿，也能在一定程度上保护书籍不受损坏。不织布的平整性优于其他布料，可以让手工布书最大程度地还原书的平整的样子。

因此，手工布书多采用不织布为原材料，既是因为不织布本身具有诸多优点，也是因为这种材料能够很好地满足手工布书制作的需求。通过精心设计和制作，手工布书不仅能够给孩子带来愉快的阅读体验，还能在潜移默化中培养他们的想象力和创造力。

图5-13　手工布书

第五节　蜡染

一、蜡染小知识

蜡染是一种古老而独特的染色技术，其历史可以追溯到秦汉时期，甚至更早。蜡染艺术在中国起源并发展，展现出丰富的文化内涵和独特的艺术魅力。

根据《二仪实录》的记载，秦汉时期已有染缬，也就是蜡染的前身。到了六朝时期，蜡染开始流行。隋代宫廷更是特别喜爱这种手工艺品，并出现了多种特殊花样。实物出土的情况也支持了这一点。长沙战国楚墓出土的染缬模样的被面，以及晋代出土的具有重叠斑花纹样的成品，都显示了蜡染的古老历史。

唐代是中国蜡染艺术的鼎盛时期，技术成熟且种类繁多。当时的蜡染可分为单色染与复色染，复色染甚至可以套色四五种之多。从宋徽宗摹张萱的《捣练图》及《虢国夫人游春图》中，可以窥见唐代蜡染的豪华美丽。

宋代以后，由于工艺更为简便的蓝印花布的出现，蜡染技艺在中原地区逐渐消失，但在贵州等西南地区，由于地理环境的限制和自给自足的生活方式，古老的蜡染技艺得以保存。南宋周去非的《岭外代答》中首次详细记录了蜡染的工序，描述了用木板和蜡液制作花布的过程。蜡染的纹样也极为丰富，包括自然纹和几何形纹两大类。自然纹中多为动物植物纹，人物纹较为罕见。几何形纹则多为自然物的抽象化。其中，铜鼓纹是贵州民间蜡染中最古老的纹样，而蝴蝶、花草植物等纹样也频繁出现，反映了当地的生活和文化特色。

蜡染工艺需要手工操作，时间和精力消耗较大，无法大规模生产。同时，其染色效果和图案设计方面的灵活性也较低，可能无法满足现代消费者对个性化和多样性的需求。然而，随着人们对传统文化的重视和对手工艺品的热爱，蜡染工艺在一定程度上得到了发展和传承。一些艺术家和设计师开始将蜡染工艺与现代设计相结合，创造出更具时尚感和创意性的作品。

贵州安顺蜡染技艺尤为精湛，具有浓郁的民族特色和地方特色，成了享誉海内外的民族民间工艺。安顺蜡染主要分为苗族蜡染和布依族蜡染两大类，每一类都承载了丰富的民族文化和图腾崇拜意识。苗族蜡染在安顺的38个苗族支系中均有分布，图案丰富多彩，反映了古代先民的自然崇拜和图腾崇拜意识。布依族蜡染则主要分布在镇宁、关岭、黄果树等县区，成品构图巧妙，纹样多为写实的花鸟鱼虫或抽象的几何图形，展现了人们对宇宙和自然的认知与追求。

蜡染的制作过程十分复杂，包括选料、浆布、熔蜡、点蜡作画、染色、脱蜡、漂洗晾干等步骤。其中，点蜡作画是关键环节，需要艺人根据图案设计，用蜡刀蘸取蜂蜡在布上描绘出各种图案。染色时，染料会顺着蜡的裂纹渗透，形成独特的自然花纹。最后，经过脱蜡和漂洗，一幅精美的蜡染作品就完成了。

安顺蜡染的图案设计十分讲究，常见的有山川风景、花鸟虫鱼、仕女人物、古代文物等，既体现了浪漫主义风格，又富含少数民族特色。色彩方面，通常采用红、黄、棕等多色套染，使得作品色彩浓郁且富有层次感。此外，"冰纹"是安顺蜡染的一大特色，它是蜡液在凝固过程中产生的裂纹，使作品更具抽象画派的韵味。

安顺蜡染不仅具有观赏价值，还有很高的实用价值。其面料多为手工织布，染料制作技艺丰富，具有鲜明的地域特色。在古代，安顺蜡染就已经闻名遐迩，随着明清时期商业化的不断发展，其名声更加远播，内容也日益丰富。

总的来说，贵州安顺蜡染是一种集艺术、文化和实用于一体的传统工艺，是贵州高原古朴风韵的代表，也是中华民族传统文化的重要组成部分。如今，随着人们对传统文化的重视和对手工艺品的热爱，安顺蜡染正逐渐走向更广阔的市场，展现出新的活力和魅力。

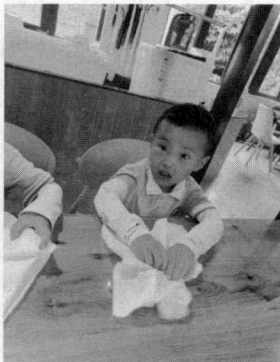

图5-14　参观蜡染

二、所需材料

以安顺蜡染为例，所需材料丰富多样，主要可分为以下几类：

首先，布匹的选择。传统蜡染织品多选择民间自织的白色土布，但现代蜡染选材更为广泛，真丝织物、棉麻布以及毛织物等都可以作为蜡染的基础材料。这些布匹经过蜡染处理，能够展现出独特的艺术效果。

其次，防染剂的选择。防染剂在蜡染过程中起到关键作用。据统计，蜡染防染剂已有上千种，至今最常用的主要是蜡质，如白蜡和黄蜡（即蜂蜡），有时两者结合使用。这些蜡质材料能够在布匹上形成一层保护膜，防止染料渗透，从而制作出精美的图案。

最后，染料的选择也十分重要。传统蜡染使用的染料最早是从天然野生蓝草中提炼的蓝靛，它能使蜡染作品呈现出自然、古朴的色彩。然而，随着科技的进步，现代蜡染也开始使用合成染料，这些染料色彩丰富、易于上色，为蜡染艺术提供了更多的可能性。

除了上述主要材料外，还需要一些辅助工具和材料，如铜刀或毛笔，用于蘸取防染剂绘制图案；染缸，用于浸染布料；加热设备，用于熔化蜡质等。

三、方法步骤

安顺蜡染的制作步骤主要包括以下几个环节：

第一步，选料。首先，选择适合蜡染的布料，通常是自织的棉布或麻布。

第二步，浆布。将选好的布料进行浆洗，以增强其吸色性和耐用性。

第三步，熔蜡与点蜡作画。将蜂蜡熔化后，用铜刀蘸取蜡液，在布上精心描绘出各种图案。这些图案通常源于自然界的动物、植物以及原创的几何纹，既讲究图形的对称，又注重其灵动性。

第四步，染色。将画好的蜡布放入蓝靛染缸中，经过多次浸泡，使染料渗透进布料并附着在未被蜡覆盖的部分，形成独特的图案。

第五步，脱蜡。将染好的蜡布放入开水中煮，使蜡质融化并脱离布料。这一步是关键，它决定了最终图案的清晰度。

第六步，漂洗晾干。用清水漂洗蜡布，去除浮色和残余的蜡质，然后晾干。经过这一系列步骤，一幅精美的安顺蜡染作品就完成了。

四、蜡染作品

图5-15　蜡染作品

第六章 美不"绳"收——线绳玩教具与环境创设

第一节 美不胜收的绳文化

在人类历史的早期阶段，人们就开始使用简单的工具。这些工具虽然简陋，却凝聚了人类的创造力和智慧。草和细小的树枝被巧妙地绞合搓捻，化身为坚韧的绳子，成为人类生活中不可或缺的一部分。这些绳子不仅用于捆绑野兽、固定茅草屋，还可以作为腰带便于人们系住草裙，展现出人类对工具的初步掌握和对生活的精细规划。

随着时间的推移，人们的需求日益增多，创造力日益增强，结绳记事这种独特的记事方式应运而生。在文字尚未诞生的时代，人们巧妙地利用绳子上的结来记录信息。这种既简单又实用的方法，成了当时社会信息传递和保存的重要手段。结的大小、位置和数量都可能代表着不同的信息。通过这种方法，人们得以将部落的风俗传统、传说故事以及重大事件记录下来，流传给后代。结绳记事不仅展示了人类的智慧，也体现了人们对于信息传递和保存的强烈渴望。它让人们能够在没有文字的情况下，依然能够记录下重要的信息，对于当时的社会发展起到了重要的推动作用。

在现代社会，绳子的应用已经远远超出了其原始的功能范畴。绳艺玩教具就是其中一个生动的例子。这些玩教具不仅具有娱乐性，更重要的是它们能够锻炼儿童的动手能力、想象力和创造力。通过编织、串珠等绳艺活动，儿童可以在游戏中学习，体验到绳艺的乐趣和魅力。

绳艺玩教具的种类丰富多样，我们可以根据儿童的年龄和兴趣进行选择：对于较小的儿童，可以选择一些简单的绳艺玩具，如绳艺串珠等；对于较大的儿童，则可以提供一些更具挑战性的绳艺活动，如绳艺织花等。这些活动不仅能够提升儿童的动手能力，还能够培养他们的耐心和专注力。

此外，通过绳艺活动，儿童还能够学习到一些基本的编织技巧和美学知识。他们在编织的过程中，不断尝试、探索和创新，从而培养出对美的感知和欣赏能力。这对于他们的全面发展是非常有益的。

　　总之，从人类最初使用绳子捆绑物品到结绳记事的出现，再到现代绳艺玩教具的应用，绳子在人类生活中扮演着越来越重要的角色。它不仅见证了人类文明的进步和发展，也为我们提供了丰富的教育和娱乐资源。我们应该珍视并传承这份宝贵的文化遗产，让更多的人了解和体验绳子的魅力。

图6-1　线绳作品

表6-1　常见线绳玩教具和环创材料

名称	特点	适用范围与场景
羊绒	羊绒，专指山羊绒，是高寒地带的山羊身上最贴近皮肤的一层绒毛，有"软黄金"和"纤维钻石"之称。特点是纤维细，产品柔软滑润，但易起球，价格昂贵	高端观赏性质玩具
纯毛毛线	特点是条杆光洁、弹性好、手感柔软饱满、保暖性强	观赏性质玩具
混纺毛线	一般由两种或两种以上纤维混纺而成，其特点是柔软性略差，保暖性不如纯毛线，色泽上也不如纯毛线，价格较低	观赏性质环创作品
纯化纤毛线	仿毛制品，常见的有腈纶、膨体纱等，其特点是保暖性强、色泽明快、线体丰满耐磨，但光泽较差	观赏性质环创作品
精梳牛奶棉	100%聚丙烯腈纤维，柔软、色泽鲜艳、固色佳、手感适中、粗细适中、易上手	手工编制

名称	特点	适用范围与场景
玉线	从线号上看，玉线有71号玉线、72号玉线、A玉线、B平线等，线的序号越大，直径越细，玉线较挺括 玉线是一条由许多细条织成的总体的绳线，接线头断口不易散掉	A玉线和B玉线大多数用来做吉祥结挂饰、盘扣、勾垫、发夹、线编手袋、线编日常生活用品等，号数大的玉线多用做编织手绳、项链
股线	由多股丝线扭一起，接线头断口很容易散掉，股数越大线越粗	缝纫线、编织线或中厚结实织物
雪尼尔金丝绒毛线	柔软舒适，有毛绒感	把玩型玩教具、围巾
蜡线	不散股，不掉蜡，不起毛，不脱线，线迹饱满圆润，有质感	缝制箱包、皮具、编织手链、项链
拉菲草编织线	不掉色，不褪色，质地轻盈、柔软，不扎手，尤适合夏天使用	适合编制帽子、拖鞋等

第二节　中国结

一、中国结小知识

中国结，这一历史悠久的手工编织工艺品，是中华文明中一颗璀璨的明珠。它起源于旧石器时代的缝衣打结，经过漫长岁月的演变，逐渐发展成为汉朝的仪礼记事，最终演化为今日精致绝伦的装饰艺术。中国结，不仅凝聚着汉族人民的智慧与情致，更代表着团结、幸福与平安，充分展现了人们对真善美的追求与向往。

中国结形态各异，其外观对称精致，结形美观多变，令人叹为观止。双钱结、纽扣结、琵琶结、团锦结、十字结、吉祥结、万字结、盘长结、藻井结、双联结、蝴蝶结、锦囊结等多种结式，各具特色，美不胜收。其中，盘长结更是被赋予了心物合一、无始无终、永恒不灭的深刻寓意，备受尊崇。

这些结式不仅具有独特的审美价值，更承载着深厚的文化内涵。如意结寓意事事顺心，福字结象征福气满堂，同心结则寓意着白头偕老的美好愿景。无论是作为室内装饰物，还是作为亲友间的馈赠礼物，或是个人的随身饰物，中国结都以其精美的外观和深厚的文化内涵赢得了人们的喜爱。

在编织中国结的过程中，人们可以根据自己的喜好和需要，灵活选择结式和编织方法，创作出独一无二的艺术品。这一过程不仅锻炼了人们的手工技能，更让人们在品味传统文化的同时，感受到了中华民族勤劳、智慧的无穷魅力。

总之，中国结是中华民族传统文化的瑰宝，它集实用价值与装饰性、艺术性于一身，是中华民族勤劳、智慧的象征。让我们一同欣赏这一美妙的工艺品，感受它所传递的美好寓意和深厚文化内涵。

二、所需材料

中国结所需的材料种类繁多，根据具体的结型和设计，所需材料可能有所不同。以下是一些常见的中国结所需材料：

线材：制作中国结的基础材料，包括各种颜色和粗细的丝线、棉线、麻线、尼龙线、皮线等。其中，丝线是最常用的材料之一，如丝绳、彩丝和金丝等，它们可以根据需要选择不同的颜色和厚度，用于编织中国结的饰品部分，如绳索和艺术花节点。红绳也是常用的材料，因其在中国文化中象征着吉祥和幸福，常用于编织中国结的主体部分，如结花和结块。

配饰：包括各种小珠子、小挂件等，用于增加中国结的美观度和视觉效果。珠子可以是玻璃珠、塑料珠、石头珠等，形状、颜色和大小各异，可以根据需要选择。

穗子线：又称文化线，常用于编织中国结的穗子部分，增加整体造型的丰富性。它还可以当绣线功能，缝制珠子、结体等。

包装材料：好的作品配上好的包装相得益彰。除了普通的包装盒外，还可以使用裱框将结体装裱起来，使作品更突出、高雅。

此外，制作中国结还需要一些辅助工具，如剪刀、钩针、胶棒、软尺、打火机等。对于不熟练的人来说，可能还需要借助一块木板来固定线路。

总的来说，中国结所需材料丰富多样，可以根据不同的设计需求进行选择。在选购材料时，应注意材料的质量和适用性，以确保制作出美观、耐用的中国结作品。

三、中国结的编织步骤

中国结的编织步骤因结式的不同而各具特色，以下是几种常见的中国结编织方法的介绍：

首先是吉祥结。这一结式源自十字结，蕴含着吉祥如意的深厚寓意。其编法简洁明快，结形优美，变化丰富，可广泛应用于各种场合。单独使用时，若需悬挂重物，建议加入定形胶以固定其形状，避免变形。

其次是万字结。其编织过程中需精确画出红色小圈的位置，确保各结心能够相互穿过。随后，轻而有力地拉紧线条，即可完美完成这一结式的编织。

再来说说盘长结。这一结式象征着心物合一、永恒不灭的至高境界。其编织步骤较为复杂，需要一定的技巧和耐心，但完成后的结形精美绝伦，极具艺术价值。

纽扣结可以在任何位置与另一线合编，另一线无需自由的线头。编织时，只需将两线头夹在手指间，用上面的线头逆时针盘圈，再用下面的线头挑过两线，顺时针转，最后从中心孔穿下，稍作调整即可完成。

平结则是一种简单易学的绳结，常用于手链、念珠等饰品制作。只需选定一条线作为轴线，另一条线在其上进行编织，通过重复特定的步骤，即可达到所需的长度。

还有金刚结、十字结等其他结式，每种结式都蕴含着独特的编织方法和深厚的文化内涵。在编织中国结时，还需注意结形、颜色与饰物的搭配要得当，线头的处理要隐蔽，以免影响整体美感。同时，灵活运用中国结式的意义及典故，可以为其增添更多的文化韵味。

通过掌握这些基本步骤和注意事项，我们可以根据自己的喜好和需要，灵活选择结式和编织方法，创作出独一无二的中国结艺术品。无论是作为室内装饰物、亲友间的馈赠礼物，还是个人的随身饰物，中国结都能以其精美的外观和深厚的文化内涵，赢得人们的喜爱和赞赏。

四、中国结作品

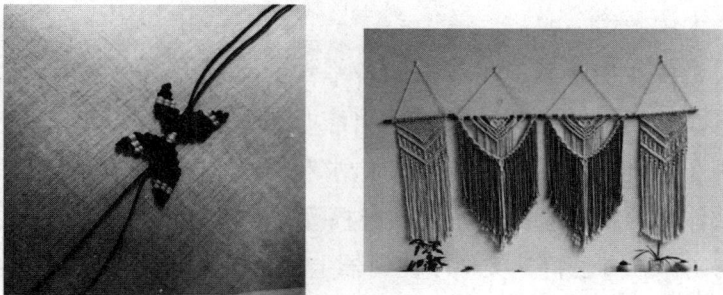

图6-2　中国结作品

第三节　墩绣

一、墩绣小知识

墩绣，作为北方独特的一种刺绣艺术，凭借其深厚的文化内涵和精湛的制作工艺，成了传统手工艺中的瑰宝。这一刺绣品种在民间有多种叫法，如墩花、掇花、掇绣、戳花、戳绣、剁花等，这些不同的称呼反映了它在北方广大地区的广泛流传和地域特色。

墩绣的起源已无从考证，但据史料记载，它在唐朝时期就已经出现，主要用于装点宫廷的服饰、屏幕和幕帘。在唐朝的繁荣时期，墩绣以其细腻繁复的线迹和鲜艳的颜色，展现了当时社会的奢华与品位。随着历史的演进，墩绣在宋代得到了进一步的发展，制作工艺更加完善，绣线更细致，色彩更鲜艳，形成了独特的艺术风格。明清时期，由于外来文化的冲击和宫廷内应用的减少，墩绣的传统制作工艺曾一度受到破坏。幸运的是，在江苏、浙江和上海等地，墩绣的制作工艺得以保留并传承下来。在这些地区，妇女们将墩绣技艺代代相传，使其成为当地民间文化的重要组成部分。

近些年来，墩绣在传统工艺与现代设计的结合下，得到了更广泛的发展。它不仅在民间得到广泛应用，还逐渐成了一种重要的文化输出品，向世界展示了中国传统文化的魅力。值得一提的是，墩绣在不同地区有着不同的发音和称呼，这说明了它在北方广大地区的流传和普及。同时，墩绣的制作技艺也与其他地区的刺绣技艺有着明显的区别，其独特的风格和特点使其在中国刺绣艺术中独树一帜。

此外，墩绣在历史长河中还承载着丰富的文化内涵和民俗风情。例如，在保山地区，墩绣被广泛应用于新娘出嫁时的帐沿、枕头套、被面等物品的制作，体现了当地人民对美好生活的追求和向往。同时，墩绣还作为一种民俗文化的载体，诠释着家庭、亲情和祝福等深刻内涵。

墩绣的制作工具独特，类似于注射器上的针头，但针尖处又有一个针眼，丝线穿过针头再穿过针眼，使得刺绣者在操作时能够如同手握毛笔一般灵活自如。刺绣时，针与布面保持垂直，动作轻缓，轻墩布面，因此完成一幅作品所需的时间往往特别长，这也体现了墩绣工艺的精细和耐心。

墩绣在视觉上呈现出厚重、饱满的特点，摸上去手感松软，正反两面都有完整的图案，这种立体感使其在中国四大名绣之外独树一帜。它的设计强调色调明确、饱满，突出装饰性，常用的设计元素包括有秩序的点、有韵律的线、纯净的面以及简单自然的色彩等，这些元素的运用为空间增添了安静、平和的气氛。

墩绣不仅具有艺术价值，还承载着丰富的文化内涵。它体现了北方人民质朴自然、豪放洒脱的性格特点，也展示了他们对美好生活的追求和对刺绣艺术的热爱。在当今社会，随着人们对传统文化的重视和回归，墩绣这一传统手工艺也受到了越来越多的关注和喜爱。

总的来说，墩绣是一种具有独特魅力和深厚文化内涵的刺绣艺术，它以其精湛的制作工艺和独特的设计风格，成了传统手工艺中的一颗璀璨明珠。

二、制作步骤

绘制图案：首先，需要在布料上绘制出将要刺绣的图案。传统图案包括龙凤呈祥、凤穿牡丹、花下双鹿、喜鹊踏梅等，这些图案寓意吉祥，充满生活气息。

准备材料和工具：选择优质的绒布作为绣底，根据图案的颜色选择合适的丝线。此外，还需要准备专用的墩绣针。这种针尖部带有针眼，方便丝线穿过。

上绷：将绒布固定在绣绷上，确保布料平整，这样在进行刺绣时可以更加方便和精准。

配色掇线：根据图案的颜色需求，使用圆孔针穿线，并在绒布上进行配色掇线。掇线时要保持线的长度均匀，这完全依赖于绣娘的手艺和技巧。

剪平、抛光：全部掇线完成后，需要将绒布上凸出来的线均匀地剪平，然后使用刷子进行打毛抛光，反复多次，直到整个绣品看起来平整光亮。

修剪与抠出立体感：根据图案的需要，用剪刀在图案交接处进行修剪，抠出立体感，使绣品更加生动逼真。

成品整理：对整个绣品进行最后的整理和检查，确保没有遗漏或错误的地方，然后一幅精美的墩绣作品就完成了。

需要注意的是，墩绣的工艺精细复杂，需要绣娘具备丰富的经验和熟练的技巧。在进行墩绣时，需要耐心细致，才能绣出满意的作品。同时，墩绣不仅是一种手工艺，更是一种文化的传承和表达，它蕴含了人们对美好生活的追求和对艺术的热爱。

三、墩绣作品

图6-3　墩绣作品

第四节　绕线画

一、绕线画小知识

绕线画，又称弦丝画或钉子画，是一种独特的工艺画技法。这种艺术形式起源于20世纪六七十年代，主要使用锤子和钉子作为作画工具。制作时，首先在木板上钉上钉子，做出大概的轮廓，然后用线在钉子之间缠绕，组成几何图形或者画面。绕线画不仅颜色明亮，还具有一种线性的美，每一幅作品都是钉子与线条交织出的艺术结晶。

绕线画不仅考验制作者的耐心和基本功，还需要他们具备创新能力。比如，有的操作者会用无规则的绕线方式，让画面看起来更加自然；有的则会根据画面的明暗、虚实来调整绕线区域的疏密，用线的疏密来表现画面的空间、明暗、虚实关系，从而创作出逼真的人物形象。

如今，随着刺绣和编织的复兴，绕线艺术又焕发了新的生机与活力。无论是作为装饰艺术品挂在家中，还是作为儿童的教育玩具，绕线画都以其独特的魅力吸引着人们的目光。绕线画是一种集艺术性和实用性于一体的创作形式，它不仅可以展现创作者的巧思妙想，也可以为人们的生活增添一份别样的艺术气息。

二、所需材料

绕线画是一种手工作品，主要使用木板、钉子以及彩线等材料来创作。以下是制作绕线画所需的主要材料：

木板：作为作画的背景，为绕线提供了基础。木板的材质、大小和形状，可以根据个人喜好和创作需求来选择。

钉子：在木板上作为基本锚点，用于固定彩线。钉子的数量和位置需根据设计的图案来确定。

彩线：是构成绕线画的主要元素，通过彩线在钉子之间的缠绕，可以形成各种形状和图案。彩线的颜色、粗细和材质，可以根据创作需要来选择。

此外，根据创作的需求，可能还需要准备其他辅助材料，如刷子与丙烯颜料，用于给木板刷上底色，让绕线画更具层次感和视觉效果。

铅笔与橡皮：用于在木板上绘制草图或标出钉子的位置。

剪刀：用于剪断彩线，使其长度适合缠绕。

锤子：用于将钉子钉入木板。

制作绕线画时，可以根据个人的创意和喜好选择不同的材料和颜色，创造出独一无二的绕线画作品。同时，要注意在制作过程中保持耐心和细心，确保每一步都精确到位，这样才能制作出精美的绕线画作品。

三、方法步骤

第一，先将想要设计的图案，在图纸上画下来，或是打印出来，剪成相应大小。

第二，用钉子沿着所绘制的图案边缘，等距大小（相对密集一些，具体根据所绘制图案大小所定）钉在木板上。

第三，用一根长长的线，沿着边缘的钉子缠绕，固定好外形后，内部空间的线条就可以随意发挥了。

四、绕线画作品

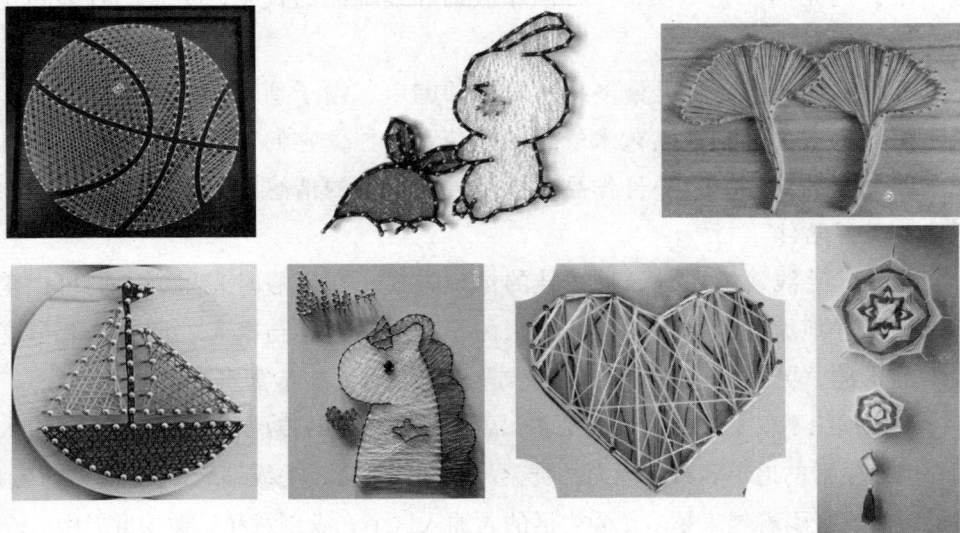

图6-4　绕线画作品

第五节　毛线编织

一、毛线编织小知识

在漫漫的人类历史中，编织先于文字而出现，是人类最古老的手工艺之一。据考古学家研究，早在新石器时代，我国的先民就已经开始利用动物毛皮进行编织。随着时间的推移，毛线编织技艺逐渐传承并发扬光大，形成了独特的非遗文化。

到了近代，毛线编织技艺在我国得到了更广泛的发展和应用。光绪六年（1880年）左右，毛线进口大幅度增长，初由南市大东门地区京广杂货店承销，用于妇女扎发。之后，随着编结法的推广，毛线开始大量用于编织毛衣。毛线店也逐渐增多，推动了毛线编织技艺的普及和发展。毛线编织，这一传统而流行的手工艺，以其独特的魅力和无尽的创意空间，吸引了无数热爱手工艺的人们。它不仅是一种制作服饰和装饰品的技艺，更是一种表达个性和情感的方式。

毛线编织的产品种类繁多，从简单的围巾、帽子到复杂的毛衣、裙子，从实用的家居饰品到充满艺术气息的挂毯、壁挂，它们都是编织者用心设计和大胆创意的结晶。每一件作品都承载着编织者的情感与故事，成为人们生活中的美好陪伴。

此外，毛线编织还是一种极佳的休闲方式。在闲暇时光里，人们可以坐下来，静静地编织，享受手工艺带来的宁静与乐趣。与家人、朋友一起分享编织的乐趣，更能增进彼此之间的感情，让生活更加丰富多彩。

毛线编织不仅是一种传统手工艺，更是一种文化的传承和表达。它蕴含着人们对美好生活的追求和对创造力的赞美。在现代社会，毛线编织依然保持着其独特的魅力，吸引着越来越多热爱生活的人加入这个充满创意和乐趣的世界中。

二、所需材料

毛线编织所需材料主要包括各种类型的毛线和编织工具。

毛线，作为编织的主要材料，拥有众多的质地、颜色和纹理选择。从柔软的羊绒到粗犷的马海毛，从明亮的彩色线到柔和的中性色，毛线为编织者提供了无尽的创意空间。人们可以根据自己的喜好和需求，选择适合的毛线，打造出独具特色的作品。常用的毛线有牛奶棉、冰条线、金丝绒线、羊毛线等。牛奶棉是最常用的钩织材料，适合钩织玩偶、小尺寸的包包等。冰条线比较粗，可以用来钩包、拖鞋、围巾等。金丝绒线适合钩玩偶、围巾，优点是不易掉毛。羊毛线则适合钩织衣物、围巾、包包等，优点是柔软、舒适、保暖，但不易打理且价格较贵。此外，情人棉、布条线等也是常用的编织材料。

在编织工具方面，最基本的就是钩针，用于将毛线编织成各种形状。此外，还需要剪刀、尺子、针线等辅助工具，用于修剪毛线、测量尺寸以及缝合等步骤。

需要注意的是，毛线编织所需材料可以根据编织者的需求和喜好进行选择，不同的材料可以产生不同的效果，为编织作品增添更多的个性和特色。

三、毛线编织步骤

毛线编织的步骤因编织物品和编织方法的不同而有所差异。以下是一个基础的毛线编织步骤，适用于初学者。

选择毛线和工具：根据想要编织的物品，选择适合的毛线和编织工具。常见的编织工具有棒针、钩针等。

起针：确定起针的针数，根据编织物品的尺寸和图案要求来设定。初学者可以先从简单的起针方法开始，如平纹起针法。

编织：根据选择的编织方法（如平编或环编）进行编织。平编通常是用两根棒针来回编织，形成平展的织片；环编则是用多根棒针或钩针进行环形编织，常用于编织帽子、手套等物品。

变换花样：在编织过程中，可以根据需要变换花样，如添加纹理、颜色或图案，以增加编织品的观赏性和实用性。

收针：当编织到所需长度或完成时进行收针。收针的方法也有多种，需要根据具体的编织方式和物品形状来选择。

整理和修饰：编织完成后，对作品进行整理和修饰，如修剪线头、调整形状等，使其更加美观和实用。

请注意，毛线编织需要一定的耐心和细心，初学者可以从简单的编织物品开始练习，逐渐掌握技巧和提高水平。同时，也可以参考相关的编织教程和视频来学习更多的编织方法和技巧。

四、毛线编织作品

图6-5 毛线编织作品1

图6-6　毛线编织作品2

五、幼儿毛线编织作品

图6-7　幼儿毛线编织作品

第六节　毛线贴画

一、毛线贴画小知识

　　毛线贴画的历史，可追溯至毛线编织技艺的深远源头。尽管其确切的起源时间并不明确，但我们可以从毛线编织这门古老手艺的绵长历史中，窥见毛线贴画发展的脉络。随着时间的推移，毛线编织技艺逐渐演变，人们开始尝试将毛线与其他艺术形式相结合，创造出更多元、更富创意的作品。毛线贴画，便是这一创新历程中的璀璨明珠。艺术家们将毛线视为创作的新媒介，通过编织、缠绕、粘贴等手法，巧妙地将毛线固定在画布或其他平面上，形成一幅幅具有立体感和层次感的画面。

毛线贴画的创作灵感，或许来源于毛线编织技艺中那千变万化的纹理和图案。它需要艺术家们具备精湛的编织技巧和无穷的创意，才能将普通的毛线转化为充满生机与活力的艺术形象。无论是细腻的线条勾勒，还是粗犷的色块拼接，毛线贴画都能展现出独特的艺术魅力。

在中国，毛线贴画的发展更是融入了独特的文化内涵。一些艺术家将毛线画与中国传统的绘画和刺绣技艺相结合，创作出具有鲜明中国特色的毛线画作品。这些作品既传承了传统文化的精髓，又展现了现代艺术的创新，为毛线贴画的发展注入了新的生机和活力。

二、所需材料

毛线贴画所需材料主要包括毛线、画板、胶水或双面胶，以及一些辅助工具。

首先，毛线是毛线贴画创作的主要材料。毛线的种类及粗细有很多种，可以根据画面的需求选择适合的毛线。例如，特细的毛线轻盈柔软，适合用来绘制画面比较精细的地方。同时，丰富的颜色也为毛线画带来了更多的可能性。

其次，画板是毛线贴画创作的载体，可以选择硬纸板、素描纸或卡纸等作为画板。这些材料都具有较好的稳定性，可以确保毛线贴画在创作过程中不易变形。

图6-8　毛线贴画作品

胶水或双面胶用于将毛线固定在画板上。白乳胶是一种常用的选择，它具有较好的黏性，可以将毛线牢固地粘贴在画板上。双面胶更适合小朋友使用，因为它不需要涂抹，使用起来更加方便。

此外，一些辅助工具也是毛线画创作所必需的。比如，剪刀用于修剪毛线，确保画面整洁；铅笔或水笔用于在画板上绘制底稿，帮助确定画面的构图和线条；镊子或雪糕棍则用于在粘贴毛线时做精细调整，确保毛线贴合紧密。

综上所述，毛线、画板、胶水或双面胶，以及辅助工具是毛线贴画创作所需的基本材料。当然，具体的材料选择还需要根据创作者的个人喜好和画面需求进行灵活调整。

三、方法步骤

制作毛线贴画的步骤可以根据个人喜好和创作需求有所不同，但大体上可以分为以下几个基本步骤：

第一，准备材料。首先，需要准备所需的毛线、画板、胶水或双面胶以及一些辅助工具，如剪刀、铅笔或水笔等。毛线的选择可以根据画面的需求来确定，可以选择不同颜色和粗细的毛线来丰富画面的层次感。

第二，设计图案。在画板上用铅笔或水笔轻轻勾勒出想要创作的图案。这个步骤可以帮助人们更好地规划画面的构图和线条。

第三，固定毛线。使用胶水或双面胶将毛线粘贴在画板上。可以按照设计好的图案来粘贴毛线，也可以根据自己的创意自由发挥。注意在粘贴时要保持一定的规律，这样可以使画面看起来更加整洁和美观。

第四，调整与修剪。在毛线粘贴完成后，可以用镊子或雪糕棍等工具进行精细调整，确保毛线贴合紧密。同时，用剪刀修剪多余的毛线，使画面更加整洁。

第五，完成作品。等待胶水完全干透后，毛线贴画作品就完成了。此时可以欣赏自己的创作成果，也可以将其展示给他人欣赏。

需要注意的是，每个步骤的具体操作可以根据个人喜好和创作需求进行调整。同时，毛线贴画的创作也需要耐心和细心，只有用心去制作，才能创作出更加精美和富有创意的毛线贴画作品。

四、毛线贴画作品

图6-9　毛线贴画作品

第七章　乡土本色——自然环保及其他材料的综合利用

第一节　乡土本色

陈鹤琴的"大自然、大社会都是活教材"教育理念深刻揭示了自然与社会在幼儿教育中的重要作用。利用乡土材料、五谷杂粮、野花野果、飞鸟虫鱼等自然资源作为幼儿的学习和游戏工具，不仅能够激发孩子们的好奇心和探索欲望，还能让他们在亲身体验中感受大自然的神奇魅力，从而培养他们对自然的亲近感和敬畏心。

在利用乡土材料进行幼儿教育时，我们确实需要注意以下几点：

首先，突出地域性是关键。在选择教育材料时，应充分考虑到当地的自然环境和文化背景，选择那些易于获取且能体现本地特色的材料。比如，南方的竹子、北方的玉米秆、沿海的贝壳和卵石等，这些材料都能很好地展现各自地域的特色，让孩子们在玩耍中了解和感受家乡的文化。乡土材料承载着深厚的文化特色和历史信息，它们是当地文化传承的宝贵载体。这些材料经过岁月的洗礼，流传至今，不仅见证了家乡的发展与变迁，更承载了人们对故土的深切回忆与情感。在创作中，人们巧妙地运用这些乡土材料，不仅是为了表达个人的情感与创意，更是为了传承和弘扬家乡的文化精髓。每一件作品都仿佛是一段历史的缩影、一种情感的寄托，它们以独特的魅力与价值，吸引着人们的目光，触动着人们的心弦。

其次，反映季节性也至关重要。应根据季节的变化来选择合适的材料。比如，在夏天，可以利用新鲜的草叶制作草编玩具；到了秋天，树叶成了最好的材料；冬天，干稻草和玉米秆则可以派上用场。这样的安排不仅能让孩子们在玩耍中感受到四季的变化，还能让他们学会根据不同的季节来利用相应的自然资源。

再次，发挥玩教具一物多玩的功能也是非常重要的。一个看似简单的乡土材料，其实可以开发出多种玩法。我们应该鼓励孩子们发挥想象力，尝试用同一种材料创造出不同的游戏和玩法。这样不仅能提高孩子们的创造力和动手能力，还能让他们在玩耍中学习到更多的知识和技能。

最后，认识乡土材料中丰富而深刻的情感元素。它们不仅展现了地域文化的独特魅力，更凸显了人们对家乡的深深眷恋。在制作和欣赏这些作品时，人们仿佛能够穿越时空，回到那个充满乡土气息的世界，感受到那份浓郁的乡愁，产生情感共鸣。

因此，乡土材料在艺术创作中具有不可替代的地位，它们以独特的方式传承着家乡的文化，延续着人们的情感。让我们珍惜这些宝贵的乡土材料，用心去感受它们所蕴含的情感元素，共同传承和弘扬家乡的文化传统。

我愿为大海的女儿

何其幸运，我出生在大海边、生长在大海边。每当音乐响起："大海啊大海，生我养我的地方……"，我便忍不住眼泪汪汪。

我爱大海，真的是刻在基因里面的。父亲尤爱大海，每年夏天，总要带我和弟弟去海水里泡着。在我还小的时候，好像并没有那么多漂亮的游泳圈，有轮胎也是极好的。夏日的五点，夕阳距海面还有一个巴掌那么高，却已经不再炽热。我迫不及待地跟着家人跳入水中。"跳"是个夸张的用法，渤海湾的水很浅，需要踩着一点点水的沙滩，慢慢蹚进深水区。所谓的深水区，也只是到大人的膝盖。然后就不让我再向前一步。明明站起来是可以露出上身的，我偏偏喜欢趴在游泳圈里晃着，被阳光晒了一天的海水温温凉凉，最是舒服。有时候是打水仗，更多的时候就喜欢这么漫无目的随海浪晃着。渤海湾的夏天大部分时候的风都不大，因此海浪也很温柔。总有人质疑我海边长大却不会游泳的事实，我想说，海水真的很咸很涩。要想在盐度颇高的海水里学会憋气和换气，意味着要喝很多海水。我喝过，我放弃。

我更喜欢瞎晃，就盯着那个金灿灿的大家叫作太阳的圆球，看它慢慢向水面迫近。它先是失去了耀眼的光芒，颜色也由浅入深，不经意间，西边的天空也被染了颜色，像谁不小心打翻了颜料，晚霞也被无辜牵连，镶上了橘色的边。剩下的部分天空，却更难描绘。有点蓝，有点紫，有点粉，不停地变化着色彩配比。当你像我一样荡在泳圈上，你会发现自己置身金色的海洋，整个海水都变成了金色。但是如果你站起来，却会发现，大海还是那个大海，但是太阳向你发射出一道波光粼粼的射线，恰好击中你的心灵。年幼的我既不懂得李白"浮云游子意，落日故人情"的伤感，也不明白王维"渡头余落日，墟里上孤烟"的闲适与"大漠孤烟直，长河落日圆"的壮阔，更不曾体会马致远"夕阳西下，断肠人在天涯"的惆怅。我只是单纯地被震撼，单纯地欣赏与体会这天地间的无穷变幻。

当太阳与海面连接在一起的刹那，海边的所有人都会不自觉地被吸引，就像有人策划了这场活动，一个暗号，大家都一致将目光投向太阳。此时的太阳变得橙红，热烈又温柔，有点娇羞地跟大家告别。一会儿工夫，就埋头于海底。大家又恢复了之前的活动，只有我怅然若失地望着它消失的地方，我总是觉得，可能，或许，万一，它一个转身，露出水面，我总能第一个发现。

天空并不会因为太阳的离去就失去光彩，那片天空成为淡淡的灰黄色，仿佛海的尽头，又出现了一片沙滩。越过那片沙滩，是越来越深的蓝色天空，夜色也慢慢袭来……等到天空真真正正地黑透了，海水却仍然是温温的。但这个时候，往往就该回家了。在海水里手脚都被泡得皱皱巴巴的我疲惫却很开心。早期中期晚期的蚊子包也被治得服服帖帖的。

有时候爸爸夜里去叉鱼，我也乐意跟着。现在想来并不有趣。夜晚的大海，一切都被静谧的深蓝色笼罩，说不出的神秘。但海浪发出低沉的呼吸的声音，却让我莫名心安。远处渔船的星星点点和夜空的星星一起眨着眼。月光往往特别明亮，让人感觉一切都是凉凉的。父亲额头绑着一顶矿灯，低着头，在海水里仔细查找。忽然，猛地一插，那倒映在海水里的月亮便碎成了饼干渣……

最特别的是冬天的海。与夏日的温柔绚烂不同，冬天的海像是个脾气暴躁的老奶奶。海风来势汹汹，凛冽刺骨，多待一下就会透心凉。但依然无法阻挡我每个冬天都要去海边一游的念头。父亲也总是纵容。冬天的大海，像是遭遇严重干旱而龟裂的土地，不过，这土地是白色的，下层是冰块，上层是积雪。父亲带我们在雪块上跳来跳去，向海的深处探险。那些积雪异常洁净，偶尔会有海鸟小爪子的印记。海风在耳边怒吼，远远的海水涌动着，上面漂浮着也是这样冰块和积雪的混合体，放眼望去，炫目的白，我想大概极地风光该是如此吧。

再长大一些，去海边就不用家长陪同了。当然，我也并没有征得家人的同意。每逢周末，我和好友会相约一起写作业，却等大人一上班，便抬腿跨上自行车，冲去海边。九十多岁的太爷爷此时一定已经搬着板凳出来晒太阳了，我会大声地打个招呼："太爷爷！"他睁开眼睛，开心答应，却并不管我去向何方，也不曾跟我爸爸告过密。

从我家到海边大概十分钟的车程，一路下坡。快到海边的时候，海腥味迎面扑来，一条又窄又陡且长的小路映入眼帘。我们会毫不犹豫地冲下去，那条小路极其不平，加上我们车速很快，车子剧烈地颠簸，伴随着我们兴奋的嗷嗷叫声，最终冲向绵绵的沙滩。自行车陷进沙子里，索性随它倒在地上。

我们把书包里的课本、作业、零食一股脑倒出来，头枕着空书包，肆意地躺在沙滩上。海风吹着我们的书本唰唰作响，把随身听里面盗版的校园民谣也吹散到四处。我们在海滩上分享过很多的小秘密，暗恋的男生、喜欢的偶像和对未来的向往。那时的我无比执拗地想学美术，而她呢？热爱着舞蹈却被迫选择了画画。我羡慕她的被迫，她羡慕我的成绩……等到夕阳西斜，起身上车，我们必须在家长下班之前赶回家里。

初中的时候，学校有点远，每天骑自行车上下学。有两条路线可以选择，笔直的公路和蜿蜒的乡间小路。我总喜欢走那条小路。清晨的泥土和着露珠的味道，莫名的清新宁神。清晨劳作的叔叔阿姨，头顶着圆圆的手编草帽，三三两两地埋头于田间。太阳会调皮地跳来跳去，偶尔捉个迷藏，玩够了才跳到天上……一切的一切，总带给我很多力量。放学就更惬意，乡间小路可以望见大海。结束了一天的学习，回家的路上，悬在海面的夕阳把农田和小伙伴们都镶上金边，还有扛着锄头回家的农民伯伯，那些美好的剪影，至今在我的记忆里熠熠生辉。直到我长大成人，那条洒满金光的乡间小路还曾经无数次地出现在我的梦里，伴随着小路出现的，是远处海面的波光粼粼。

我很幸运，看过无数次的海边落日，春夏秋冬、阴晴雨雪各不相同。就连相同的季节，相同的天气，今天的风景与昨日的定有差异。我曾无数次一个人跑到海边，对着大海咆哮、哭喊……也曾情绪低落地坐在海滩上抽泣……我把幸福、快乐乃至难过、疑惑、气愤都跟它分享。它从不说话，只是望着我，浪花冲上来，又退下去，再冲上来，再退下去……在大海面前，什么都会变得无比渺小，包括我和我的困扰。

后来，我去外地读大学，找工作、嫁人、生娃……回乡的日子越来越短，竟到了屈指可数的地步。但我热爱和海有关的一切。大海的图片、海浪的声音，甚至超市海鲜区海腥的味道，都让我迷恋和治愈。每次回家，海是一定要去的。当我在异地读到李觏的《乡思》："人言落日是天涯，望极天涯不见家。已恨碧山相阻隔，碧山还被暮云遮。"哭了良久，也有可能我思念的不是大海，也不是海边的绚烂落日，而是故乡——那个我还小，长辈们全都健在的地方。

当我饱含热泪，写下上面的文字，我感受到自己和大海的联结。我感受到大自然曾给予我的力量，是那么自然又那么奇妙，那么治愈又那么温暖。我庆幸大海曾陪我长大，我怀念那些日子，我感恩那些支持。同时，我又多么希望，包括自己孩子在内的每一位儿童都拥有这样的大自然伙伴，在他们的人生之路上，不断地治愈他们、支持他们，给予他们源源不断的正能量。

那些感受大地之美的人，能从中获得生命的力量。

——蕾切尔·卡逊

荒野蕴含着这个世界的救赎。

——梭罗

表7-1 常见乡土材料与环保材料

名称	特点	适用范围与场景
石头	坚硬且天然，能够展现乡村的自然风光和地域特色	常被用来制作石雕、泥塑等工艺品
木材	具有丰富的纹理和色彩	它可以被雕刻成各种形象或制作成家具
竹子	轻便、坚韧、易加工	可以被加工成各种器具、家具和艺术品，如竹篮、竹椅、竹编簸箕等
树叶	形状、大小、颜色各异，具有天然的纹理和美感	可用于制作拼贴画、装饰物、书签等。树叶还可以作为孩子们观察自然、了解植物生长过程的教学材料
种子	种类繁多，大小、形状、颜色各异，易于收集和处理	可用于制作种子粘贴画、种子镜框等工艺品，也可投放在教学区进行分类、排序等教学活动。
果实与果壳	形状、颜色各异，自然美观	果实与果壳可用于制作拼贴画、装饰品等。例如，核桃壳可以制作成小船或小动物，既有趣又环保
纸壳	轻便、易塑形、环保且成本低	纸壳可制作各种手工艺品，如储物盒、小家具、装饰物、纸板拼图、纸板迷宫等
棕藤	坚韧、柔软	可以被编制成各种篮筐、家具等，既实用又美观
草类植物	如稻草、麦秸等，具有柔软、易编织的特点	常被用来制作草编工艺品，如草帽、草席等

第二节 树叶作品

图7-1 树叶的采集

一、树叶作品小知识

树叶无疑是幼儿们最易获得的天然玩具之一，它们不仅色彩斑斓、形态万千，更是充满探索与发现的乐趣的源泉。童年时代，树叶的色彩是如此的丰富多彩，有清新的绿色、温暖的黄色、炽热的红色、沉稳的棕色等，这些色彩能够极大地激发幼儿们对色彩的感知和兴趣。孩子们通过观察和比较不同树叶的颜色，能够逐渐认识到色彩的多样性和变化性，从而培养他们对色彩的敏感度和审美能力。

树叶的形态也是千奇百怪，有的细长如针，有的圆润如珠，还有的边缘呈锯齿状，各具特色。这些形态各异的树叶能够引发幼儿们的好奇心，激发他们的想象力。孩子们可以尽情想象这些树叶像什么，或者尝试用它们来构建自己的小作品，从而培养他们的创造力和动手能力。

此外，树叶的获取非常简单方便，只需要到户外走一走，就可以轻松捡到许多不同种类的树叶。这也为家长和教育者提供了一个极好的教育资源，可以利用这些树叶开展各种有趣的活动，如树叶分类游戏、树叶拼贴画等，让孩子们在玩乐中学习，增长知识。

综上所述，树叶是一种非常适合幼儿的天然玩具，它不仅能够促进幼儿们的感知、想象和创造力的发展，还能够让他们更加亲近自然，感受大自然的神奇和美妙。因此，我们应该充分利用树叶这一天然资源，为孩子们创造一个更加丰富多彩、充满乐趣的童年。

童年时代的树叶拔河，是一种洋溢着欢笑与童趣的游戏。在那个纯真无邪的年代，孩子们总能从最简单的事物中发掘出无尽的乐趣，树叶拔河便是其中之一。

这个游戏并不需要繁复的道具或冗杂的规则，只需几片形状合适的树叶，以及几个志同道合的小伙伴。树叶的选择至关重要，挑选那些宽大、厚实且具有一定韧性的叶子，这样的树叶在拔河比赛中才能发挥出更大的优势。

比赛开始前，孩子们会仔细挑选自己的树叶，并用手轻轻摩挲，感受它的质地和纹理。随后，他们分成两队，面对面站定，各自将树叶的一端用双手紧紧握住。随着裁判的一声令下，比赛正式开始。孩子们使出浑身解数，用力向后拉拽，树叶在双方的拉扯下发出"沙沙"的声响，仿佛在为他们加油助威。他们的脸上洋溢着兴奋和紧张的表情，时而因为用力过猛而满脸通红，时而因为对方的顽强抵抗而眉头紧锁。

如今，当我们回忆起童年时代的树叶拔河，心中总会涌起一股温暖而怀旧的情愫。那些美好的时光虽已一去不复返，但那份纯真与童趣却永远铭刻在我们的心中。树叶拔河不仅是一个简单而有趣的游戏，更是一段难忘而珍贵的童年回忆。

二、所需材料

树叶画，也被称为树叶彩绘或树叶油画，是一种用油画或丙烯颜料在树叶上创作绘画作品的艺术形式。它以其清新自然的风格和独特的艺术美感描绘出大自然的美。以下是制作树叶画所需的主要材料和工具：

树叶：选择形状、大小、颜色各异的树叶，以便能够创作出丰富多彩的图案和画面。不同的树叶有不同的纹理和特性，可以根据创作需求进行挑选。

颜料：一般使用丙烯颜料或油画颜料。这两种颜料都不会溶解于水中，稳定性好，不易受阳光和湿度等自然因素的影响，能够保持色彩的饱和度和艳丽度。同时，它们易于在叶片上留下痕迹，非常适合在树叶上创作绘画作品。

画笔：根据创作的具体需求，可以选择不同大小和形状的画笔。对于细节部分，可能需要用到小号或中号的丙烯画笔。

其他工具：如剪刀、铅笔、橡皮等，用于修剪树叶、勾勒轮廓和修改错误。

辅助材料：如双面胶或胶水，用于将树叶粘贴在画纸上，以便更好地展示作品。

在创作过程中，可以根据个人喜好和创作需求选择合适的材料和工具。

三、方法步骤

（一）树叶头饰作品

第一步，采集许多形状有趣和颜色漂亮的大树叶。

第二步，在一张薄纸板上将叶片设计成一个王冠形状。

第三步，用笔轻轻地沿着树叶画下它们的轮廓。

第四步，沿着铅笔画下的痕迹，将形状剪下来。

第五步，用胶水（双面胶）将树叶粘贴在纸板上。

第六步，剪下一条约2.5厘米宽的薄纸板做成头带。

图7-2　树叶头饰作品

（二）树叶贴画作品

图7-3　树叶贴画作品

（三）树叶立体作品

图7-4　树叶立体作品

（四）树叶拓画作品

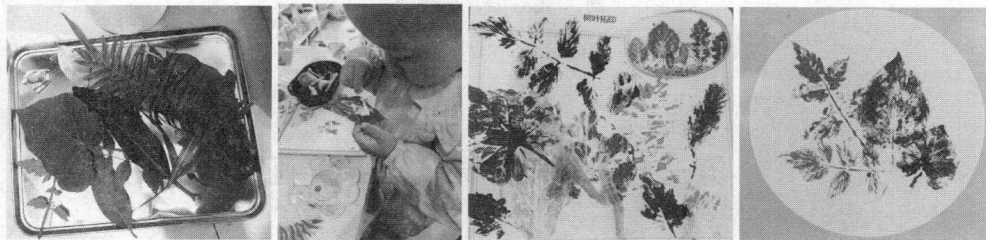

图7-5　树叶拓画作品

采集春天

　　春天，总是悄悄地来临，给大地披上一层新绿。在这个生机勃勃的季节里，无论是公园的小径，还是乡间的小路，都能见到各种野草野花争相绽放，仿佛在讲述着春天的故事。

　　漫步在绿意盎然的田野，脚下的野草似乎都在向你点头致意。那些翠绿的叶片，在阳光下闪着光芒，像是大自然的翡翠宝石。你蹲下身子，轻轻抚摸着这些野草，它们柔软而坚韧，仿佛在告诉你：生命的力量是无穷的。

　　而在这片绿色的海洋中，野花们更是点缀其间，为春天增添了一抹亮色。红的、黄的、紫的、白的……它们或单独开放，或成群结队，宛如一群欢快的精灵，在春风中翩翩起舞。你靠近它们，深吸一口气，那淡淡的香气便沁入心扉，让人心旷神怡。

采集几朵野花，轻轻捧在手心，你仿佛能感受到它们生命的脉搏。这些野花，虽然不如园艺中的花朵那么娇艳，但它们却有着一种野性的美，一种自由奔放的精神。它们不需要人工的呵护，就能在大自然的怀抱中茁壮成长，绽放出属于自己的光彩。

在这片充满生机的土地上，野草和野花共同编织着春天的故事。它们是大自然的使者，在这场春天的聚会中，收集一些鲜花、野草，制作属于自己的春天。

图7-6　采集春天

第三节　种子、果实与果壳画

一、种子、果实与果壳画小知识

种子、果实与果壳画的历史源远流长、色彩斑斓，它们在中国传统艺术中独树一帜，占据着举足轻重的地位。这种艺术形式深植于古人对自然万物的敬畏与挚爱之中，通过巧妙地运用种子、果实和果壳的天然形态、色泽与质感，创作出了一幅幅栩栩如生、神韵盎然的画作。

在古代，种子、果实与果壳画可能发轫于祭祀仪式和民间习俗之中。人们运用这些天然材料拼贴成寓意吉祥的图案，祈求天地和谐、五谷丰登。随着时间的推移，这种艺术形式逐渐从乡野传入朝堂，成为文人雅士们钟爱的创作手法。

到了宋代，果实类题材开始备受瞩目，桃、荔枝等常见果实成为艺术家们笔下的宠儿。这一时期的艺术家们不仅注重果实的形态和色彩表现，更通过细腻的笔触和精巧的构图，生动地展现出果实的质感和生命力。果实画历经元、明、清等朝代的不断发展，逐渐形成了别具一格的艺术风格和审美体系。

种子画是由五谷粮食画演变而来，其起源可追溯至盛唐时期。当时五谷丰登，国家安泰，人们将五谷视为吉祥之物，用来创作画作。到了清代，五谷粮食画在全国各地涌现出众多流派，成为民间工艺美术中的璀璨明珠。种子画巧妙地运用各地天然植物种子的不同形状和色彩，经过精细的工艺处理，创作出立体感强、生态自然的画作。

果壳画虽然历史可能不如种子和果实画那样悠久，但同样散发着独特的艺术魅力。果壳的坚硬质地和独特纹理为艺术家们提供了丰富的创作素材，他们凭借巧妙的构思和精湛的技艺，将果壳化为一幅幅充满想象力与创造力的艺术作品。

综上所述，种子、果实与果壳画的历史是一部描绘人与自然和谐共生的壮丽史诗。它们不仅展现了人类对自然的敬畏与热爱，更体现了人类智慧与创造力的无穷潜力。在当今的艺术领域，这些传统艺术形式依然焕发着勃勃生机，为当代艺术家们提供了源源不断的创作灵感。

二、所需材料

种子、果实与果壳画所需的材料可以根据具体的创作需求和风格进行选择和搭配。以下是一些常见的所需材料：

种子：种子的选择非常丰富，包括胡椒子、葵花子、扁豆、小麦、亚麻子、菜籽、绿豆、蚕豆、豌豆等。种子的颜色、形状和大小各异，为画面提供了丰富的视觉元素。

果实：重要的创作材料，比如桃子、李子、杏子等，它们不仅具有鲜艳的色彩，而且形状各异，可以为画面增添立体感和生动性。

果壳：如瓜子皮、开心果壳、松子果壳等，它们具有独特的纹理和颜色，可以为画作提供独特的视觉效果。

胶水：粘贴这些材料的关键。常见的是白乳胶，它是一种用途广泛、时间持久的水溶性胶黏剂，具有常温固化、固化较快、黏接强度高等特点，非常适合用于种子、果实与果壳画。

纸张或画板：作为画作的基底，可以选择卡纸、硬纸盒、木板等。它们为材料提供附着面，形成完整的画作。

工具：包括镊子、刮刀、工具刀、画笔、铅笔等。这些工具用于精细地处理和布局材料，以及进行必要的修饰和细节处理。

此外，根据创作需要，可能还需要其他辅助材料，如彩色笔、颜料等，用于增添色彩或进行细节描绘。需要注意的是，创作种子、果实与果壳画时，应确保所选材料干燥、清洁，且没有有害物质，以保证画作的安全和持久性。同时，对于某些特殊种子或果实，可能需要进行预处理，如清洗、晾干或染色等，以满足创作需求。

三、方法步骤

种子、果实与果壳画的创作方法步骤可以根据不同的材料和表现形式有所区别。一般性的步骤分为以下几步：

材料准备：收集各种种子、果壳和果实，如葵花子、松子、红豆等。这些种子具有丰富的颜色和形状，适合用于画作。同时，准备好作画所需的纸张、胶水、镊子、画笔等工具。

设计构图：在纸张上设计好想要创作的图案或画面，可以是风景、动物、人物等。注意考虑种子、果壳和果实的颜色和形状，以便在后续步骤中合理利用。

涂胶与粘贴：在需要粘贴种子、果壳和果实的部位涂上适量的胶水，然后用镊子或手指将种子、果壳和果实粘贴在相应位置。注意种子、果壳和果实的排列和分布，尽量使其看起来自然和谐。

修整与完善：待胶水干透后，用画笔或刮刀修整画面的边缘和细节，使画面更加完美。如果需要，可以在画面上添加一些额外的装饰或文字。

四、种子、果壳和果实画作品

图7-7 种子、果壳和果实画作品1

图7-8 种子、果壳和果实画作品2

第四节 石头画

一、石头画小知识

石头画的历史可谓悠久而深邃，其源头可追溯至远古的岩画艺术。岩画，这一人类早期的艺术瑰宝，展现了古代先民们用五彩斑斓的矿物质石块，在岁月长河中，以写实或抽象的笔触在岩壁和石头上绘制或凿刻的生动画面。这些岩画不仅生动记录了古代人类的社会风貌、宗教信仰与审美追求，更凸显出他们对大自然的敬畏之心与崇拜之情。

随着时间的推移，石头画逐渐从岩画中蜕变而出，融入了更多丰富的艺术元素与技巧。在中国，石头画艺术深受敦煌莫高窟壁画的启迪。敦煌壁画以其无与伦比的绘画技艺与深厚的文化底蕴，为石头画艺术提供了源源不断的灵感与创作素材。艺术家们开始尝试将中国传统绘画的精髓融入赏石之中，让原本普通的石头经过绘画的点睛之笔，焕发出璀璨夺目的艺术光彩。

在石头画的发展长河中，不同的流派与风格应运而生。例如，中国岩画以其独特的线条韵律与色彩运用，展现了东方文化的深厚底蕴；埃及金字塔壁画以其神秘莫测的氛围与庄严肃穆的形象，吸引了无数人的目光；北欧符文石则以其古朴神秘的符号语言，传递着悠远的历史文化信息。这些各具特色的石头画作品，共同构筑了石头画艺术的丰富内涵与多元风貌。

如今，随着人们文化素养的日益提升与审美意识的不断增强，石头画正逐渐受到越来越多人的关注与喜爱。它不仅具有极高的艺术价值与收藏价值，还广泛应用于室内装饰、商业领域以及文化交流等多个方面。可以说，石头画已经成为一种独具特色的艺术形式，为人们的生活带来了更多的美感享受与文化熏陶。

二、所需材料

石头画所需材料主要包括以下：

石头：这是石头画创作的基础。一般会选择表面光滑的鹅卵石作为绘画的载体，这种石头既美观又方便绘画。当然，如果有条件的话，亲自去河边挑拣也是一种很好的体验，不仅可以感受到捡石头的乐趣，还可以亲自挑选出心仪的石头。

颜料：颜料的选择对于石头画来说至关重要。常用的颜料是丙烯颜料，因为它颜色鲜艳且持久，同时干燥后形成的膜不易渗水，能够保护画面不被破坏。此外，丙烯颜料颜色丰富，可以根据需要进行调色，使画面更加生动。

画笔：包括排笔和勾线笔。排笔用于大面积地涂色，而勾线笔则用于细节描绘和勾边。根据绘画的需要，可以准备两三支不同大小的画笔。

调色盘：用于混合和调制颜料。虽然可以使用专门的调色盘，但为了方便和节约，一次性白色餐盘也可以作为临时的调色盘使用。

其他辅助工具：如铅笔，用于打底稿；电吹风，用于加速颜料的干燥；光油，用于保护画面等。

三、方法步骤

石头画的方法步骤如下：

选择石头：选择一块表面光滑、形状适中的石头作为绘画的载体。可以根据个人喜好和绘画主题来选择石头的形状和大小。

清洁石头：将石头清洗干净，去除表面的污垢和杂质，确保石头表面干净、光滑。

打底稿：用铅笔在石头上轻轻勾勒出想要画的图案或轮廓。这一步可以在绘画过程中更好地掌握画面的布局和比例。

上色：使用丙烯颜料进行上色。根据画面的需要，选择合适的颜色进行涂抹。可以先用淡色打底，再逐渐加深颜色，以增加画面的层次感和立体感。注意在上色时要均匀涂抹，避免出现色差或斑驳的现象。

细节描绘：使用勾线笔或细画笔对画面进行细节描绘和勾边。这一步可以让画面更加生动、精致。

干燥与保护：等待颜料完全干燥后，可以在画面上涂上一层光油或清漆，以保护画面不被磨损和褪色。同时，光油也可以增加画面的光泽度和质感。

四、石头作品

（一）石头拼画

图7-9 石头拼画作品

（二）石头画

图7-10 石头画作品

第五节　纸壳作品

一、纸壳作品小知识

纸壳作品的历史源远流长，可追溯至古代纸艺的蓬勃发展时期。自纸这一轻便且易加工的材质问世以来，它便在各种手工艺品中占据了重要位置。纸壳作品，是指利用纸板、纸张等纸质材料制作而成的立体或平面艺术品，其创作灵感深植于古人对纸的巧妙运用之中。

在古代，人们便已开始运用纸张进行折叠、剪裁、粘贴等工艺，创造出各式各样的纸艺作品，如精美的纸灯笼、轻盈的纸风筝以及栩栩如生的纸花等。这些纸艺作品不仅具有极高的装饰价值，更展现出古代人们卓越的智慧与创造力。

随着时代的演进，纸壳作品的形式与用途愈发丰富多样。在包装领域，纸壳作品得到了广泛应用。早期的纸壳包装以简单的纸盒或纸袋为主，主要用于装载和保护商品。随着包装技术的不断进步，纸壳作品的设计愈发精美与复杂，不仅满足了包装的基本功能需求，更在审美层面达到了新的高度。

进入现代，纸壳作品更是融入了现代艺术与设计元素，逐渐发展成为一种独立且独特的艺术形式。艺术家们运用纸壳材料创作出形态各异的雕塑、装置艺术等作品，充分展现了纸壳艺术的无限魅力与可能性。

与此同时，随着环保意识的日益增强，纸壳作品因其可回收、可降解的特性而受到越来越多人的青睐。这种环保优势使得纸壳作品在环保和可持续发展方面展现出了巨大的潜力。众多设计师和艺术家开始致力于运用纸壳材料创作出更加环保、可持续的艺术作品，为纸壳艺术的发展注入了新的活力。

综上所述，纸壳作品的历史是一部不断演变与创新的历程，它承载着古代纸艺的智慧与现代艺术的创意。如今，纸壳作品已成为一种独具特色的艺术形式和文化现象，不仅具有极高的艺术价值，更体现了人们对环保和可持续发展的深刻追求。

二、所需材料

纸壳作品所需材料主要包括以下几种：

纸板：纸壳作品的主要材料，因其厚度较大、密度较高和硬度较大的特点，使得它具有良好的抗压性能和抗撕裂性能。纸板可以用于制作各种立体结构，如纸壳雕塑、纸壳装置艺术等。

纸张：纸壳作品中常用的材料，可以用于制作更为轻薄的部分或者细节装饰。它可以被剪裁、折叠、卷曲等，以形成各种形状和纹理。

胶水：用于将纸板和纸张黏合在一起的黏合剂。它可以帮助固定作品的形状和结构，使各部分紧密连接。

剪刀和刀具：制作纸壳作品时必不可少的工具。它们用于剪裁纸张和纸板，以形成所需的形状和大小。

尺子：用于测量纸张和纸板的尺寸，确保作品各部分的比例和尺寸准确。

颜料和彩笔：用于给纸壳作品上色或绘制图案，增加作品的色彩和视觉效果。

其他装饰材料：根据作品的需要，还可以添加一些其他的装饰材料，如丝带、珠子、贴纸等，以增加作品的趣味性和装饰性。

通过合理选择和使用这些材料，结合创意和技巧，可以制作出各种精美、独特的纸壳作品。同时，也要注意材料的安全性和环保性，选择无毒、可回收的材料，以保护环境和人体健康。

三、方法步骤

制作纸壳作品的方法步骤可以根据不同的作品类型和设计需求而有所变化。以下是一个基本的纸壳作品制作流程：

准备材料：首先，准备纸壳、剪刀、胶水、尺子、铅笔、彩色笔或其他装饰材料。纸壳可以选择硬纸板或废旧纸盒等，根据作品需要裁剪成合适的形状和大小。

设计构思：在开始制作之前，先构思好纸壳作品。它可以是一个立体模型，如房屋、车辆等，也可以是一个平面作品，如贺卡、装饰画等。

制作纸壳结构：根据设计构思，使用剪刀和尺子将纸壳裁剪成所需的形状。如果制作立体结构，需要折叠、粘贴或组装纸壳部件。

装饰纸壳：使用彩色笔、贴纸或其他装饰材料对纸壳进行装饰。可以根据设计需求添加图案、文字或色彩，使作品更具个性和创意。

整理完善：检查纸壳作品的各个部分是否牢固、美观。如有需要，可以进行调整和完善。

四、纸壳作品

图7-11　纸壳作品

第三篇　中国传统文化视域下以儿童为中心的环境创设实践

第八章　以儿童为中心的多孩家庭环境创设

第一节　多孩家庭的环境创设

家庭，作为儿童，特别是幼儿身处时间最久的场所，其环境创设至关重要。特别是多孩家庭，孩子的增加，意味着需求的增加和矛盾的增多。美国著名亲子教育专家劳拉·马卡姆博士在《平和式教养法》中写出了每一位多孩家长的心声："抚养孩子更难的唯一一件事情，就是抚养一个以上的孩子。"[①]他还说："没有人会一直保持平静，至少在他们拥有一个以上的孩子时做不到；年龄较小的兄弟姐妹平均每一小时要争吵7次，但只有大约10%得以愉快解决。"[②]因此，多孩家庭的环境布置应该将降低矛盾发生考虑在内。

一、儿童适宜的游乐学习场所

（一）儿童友好的"去客厅"设计

当下，"去客厅"的装修风格越来越受到大众欢迎。以前的客厅，沙

---

① 劳拉·马卡姆.平和式教养法.多子女篇［M］.孙路，译.上海：上海社会科学院出版社，2016.
② 劳拉·马卡姆.平和式教养法.多子女篇［M］.孙路，译.上海：上海社会科学院出版社，2016.

发、电视、茶几是标配。但是沙发、茶几占据了客厅的大部分面积，给孩子的空间相对较少。一些茶几的设计也并非"儿童友好型"，独特的造型往往暗藏安全隐患。随着当今人们对手机的依赖，电视的风光不再，甚至在一些家庭里沦为摆设，"去客厅"的设计便应运而生。这种设计更加注重入住人的感受。书柜、玩具柜、毯子远比沙发和茶几更能符合多孩家庭的需求。相对宽敞的休闲玩耍空间，会减少身体上的摩擦，带来心理的放松和愉悦，便于拿取绘本和玩具。一方面可以便于孩子自己玩耍，另一方面也便于孩子自主收纳。每个孩子都有自己的专属玩具和摆放区，并事先商量好哪一些玩具是可以共享的，这样可以减少很多矛盾。

图8-1　客厅一角

（二）肆意挥洒的涂鸦墙

对于热爱涂鸦的孩童们，墙面的"受灾"程度想必每个有娃的家庭都深有感触。为了呵护他们的创意与热情，一面宽敞的涂鸦墙无疑是送给孩子最好的礼物。

这面墙，不仅是一个涂鸦的天地，更是一个充满魔力的创意展示区。采用磁力白板与灰板的巧妙结合，除了能让孩子随心所欲地涂鸦，更能将他们的剪纸作品、绘画佳作一一展示。每当有新的作品诞生，孩子们都会迫不及待地将其粘贴在墙上，那份自豪与喜悦溢于言表。

小黑板也具有同样魅力。他们可以随时随地化身为小老师，为家人讲解自己的所学所得，巩固已掌握的知识和技能，同时也能锻炼他们的表达能力和自信心。

当然，对于热衷于水彩画的孩子来说，浴室则是一个不可多得的宝地。浴室的墙面，光滑且易于清洗，成了孩子们尽情挥洒创意的绝佳画板。只要为他们穿上防水罩衣，他们便可以在这里随心所欲地挥毫泼墨，尽情享受创作的乐趣。每一面墙，都承载着孩子们的梦想与欢笑。在这里，他们可以尽情释放自己的创意与热情，感受艺术的魅力。对于家长们来说，这面墙更是见证了孩子们成长的足迹，是他们童年时光中最美好的回忆。这样的"画板"不仅够大，还能让孩子们在涂鸦时互不干扰，各自沉浸在自己的创作中。当创作完毕，打扫工作也变得轻松简单。只需轻轻一喷，花洒的清水便能将墙面上的痕迹冲洗干净，让墙面焕然一新，随时准备迎接下一次的创意之旅。

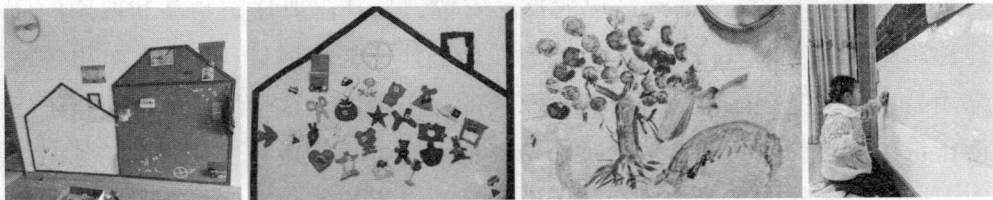

图8-2 涂鸦墙

（三）伸手可及的物品摆放

一个精心布置的家庭环境，就像是一个温馨的港湾，不仅能够为孩子提供一个舒适安逸的生活空间，更能在无形中滋养他们的心灵，培养他们的自主能力。在这样的环境中，孩子们自然而然地学会独立思考、自主行动，这些能力将成为他们未来生活的有力支撑，使他们在面对各种挑战时更加自信、自立。

伸手可及的物品摆放，宛如一位贴心的小助手，始终为孩子们提供着无微不至的便利。这样的设计巧妙地将生活的琐碎与孩子们的自主能力相结合，让他们的日常活动变得更为轻松自如。每当孩子们需要用到某个物品时，只需轻轻伸出手，便能轻松取到，无须费力寻找或频频向他人求助。这种随取随用的便捷体验，不仅让孩子们更加乐于参与日常活动，更在无形中增强了他们的自信心，让他们更加勇敢地面对生活中的各种挑战。

同时，这样的物品摆放方式也充分展现了家长们的细心与关爱。他们用心考虑孩子们的需求，为他们打造了一个既舒适又实用的生活空间。在这样的家庭环境中，孩子们能够感受到被尊重与信任，从而更加自信、自立地成长。

图8-3　物品摆放

在图8-3中，孩子洗漱区域的物品安置，尤其需要注重物品和取用的便捷性。想象一下，当孩子早晨醒来时，他们能够轻松地拿到牙刷、毛巾等洗漱用品，自己完成洗漱任务，无须家长的过多帮助。这样的经历会让孩子逐渐认识到自己的能力和价值，从而培养他们的自我管理和自主完成任务的能力。同时，这样的布置也会让孩子感受到被尊重和信任。他们会明白，家长相信他们有能力照顾好自己的日常生活，这种信任会激发孩子的责任感和独立性。他们会更加珍惜这个机会，努力表现自己，争取更多的自主权和决策权。因此，家长不妨在孩子的各个生活区域多花些心思，为他们打造一个既美观又实用的空间。可以选择一些图案可爱的洗漱用品，让孩子对它们产生浓厚的兴趣。同时，也可以设置一些收纳盒或挂钩，让孩子能够方便地整理和存放自己的物品。

在这样的环境中，孩子们会潜移默化地培养起自主能力，逐渐学会独立思考、解决问题，也会更加自信地面对未来的挑战。这些能力，将成为他们未来成长的宝贵财富，帮助他们走向更加美好的人生道路。

（四）丰富的开放性游戏材料

为孩子在家中提供开放性游戏材料，无疑是一项极具洞察力的决策。这种做法旨在为孩子打造一个充满创意与想象的乐园，让他们在这片自由天地中展翅飞翔。开放性游戏材料，顾名思义，是指那些不受固定玩法束缚、能够激发孩子无尽想象力的材料。它们摆脱了传统玩具的局限性，没有预设的操作模式，完全由孩子自由探索、尝试与创造。

在家中为孩子准备这样的游戏材料，相当于为他们铺设了一条通往创意王国的道路。这些材料可以是五颜六色的积木、细腻的沙子、柔软的超轻粘土、灵活的纸板，或是废弃但仍有利用价值的物品。每一种材料都蕴藏着无限可能，等待着孩子们去发掘、去组合、去创造。绘本或许是一座桥，抱枕钻出的毛毛像是大树的叶子。他们可以用积木搭建起巍峨的城堡，或是疾驰的车辆；用沙子塑造出壮丽的山川河流，或是梦幻的沙滩城堡；用超轻粘土捏出栩栩如生的小动物，或是别致的玩具；用纸板折叠成坚固的小船，或是温馨的小房子；甚至可以将废弃物品变废为宝，创作出独一无二的装饰品。

这些开放性游戏材料不仅有助于培养孩子的创造力与想象力，还能锻炼他们的动手能力、观察力和解决问题的能力。在玩耍的过程中，孩子们需要仔细观察材料的特性，思考如何巧妙地组合与运用；他们需要亲自动手进行操作，锻炼手部精细动作能力；当遇到挑战和困难时，他们需要尝试不同的方法和策略，学会独立思考与解决问题。

此外，开放性游戏材料还能成为家庭成员之间互动的桥梁。家长可以积极参与孩子的游戏过程，与他们一起探索、创造和玩耍，增进亲子之间的情感联系。同时，当多个孩子一起参与游戏时，他们可以共同合作完成任务和创作作品，培养团队合作精神和沟通能力。

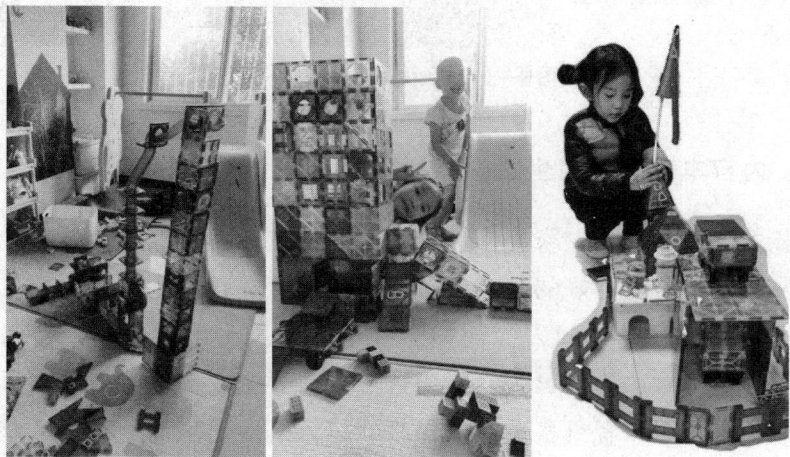

图8-4　开放性游戏材料1

图8-5　开放性游戏材料2

二、内容丰富的一日生活

在家庭生活中，不少家长都希冀为幼儿创造充满发展与挑战机会的一日生活。为了让孩子有更好的起点，有些家庭甚至在孩子刚刚出生后就在家庭中悬挂着精心设计的时间表。例如，某个时间段听诗歌，某个时间段听音乐。笔者对这种做法不置可否。因为这不仅需要主要照顾者付出大量的时间和精力，还需要照顾者具备一定的保教知识。刚刚出生的孩童，最基本的活动是吃喝拉撒睡。倘若这时非要僵化地安排固定时间点的活动，必定是不合时宜的，甚至是违反教育规律的。按照埃里克森的心理发展阶段理论，人类发展的第一个阶段为婴儿期（0～1.5岁），其主要发展任务是获得信任感，克服不信任感，而非一定知识的累积。

对于绝大多数家庭的孩子，家庭并非配有专职家庭教师。如何在一日生活中为孩子创造更多的发展机会？其实教育如同呼吸一样自然。与其为孩子开辟一日生活，不如将孩子纳入一日家庭生活。丰富的家庭事务中都蕴含着教育契机。从幼年自理能力的培养至后来服务他人的能力，都与家庭培养密不可分。

在家庭中，照顾者要充分相信孩子的能力，相信孩子巨大的潜能。比如在做面食的时候，让幼儿参与其中，充分感受面的柔软与变化。精细动作的发展、想象力的培养在这一揉一搓中潜移默化地进行着。不仅如此，幼儿在操作时乐在其中，在品尝自己作品的时候也会成就感满满，提高了进食欲望，一举多得。下图是孩子自己擀面皮、包包子的场景。除了面团、擀面杖等基础材料，还可以多准备卡通点心模具、各种蔬菜水果汁等，增加趣味性和变化性。

图8-6　孩子做面食

三、不可或缺的文化氛围

孟轲之母因其"孟母三迁"与"断机教子"等事迹，被誉为天下母仪的楷模。然而，孔子之母颜徵在的教子故事，却鲜为世人所知。在孔子约3岁那年，他的父亲叔梁纥不幸病故，留下他与母亲颜徵在相依为命。颜徵在毅然决然地带着他离开了鄹邑，前往国都曲阜的阙里定居。当时，家境极为贫寒，但颜徵在始终未曾放弃对孔子的教育。颜徵在自小便深受父亲重文崇礼的影响，她深知教育的重要性。因此，她让孔子从小接触各种礼器，将"礼"的种子深深植入他的心中。在孔子满5岁时，颜徵在更是将父亲留下的全部书籍搬运到新家，亲自教他念书。为了维持生计，她还收了5个孩子，在家中教授发蒙之书，以换取微薄的学费，这些收入勉强能够维持母子两人的生活。颜徵在不仅教授孩子们习字、算数和唱歌，更注重培养他们的礼节和仪式感。在她的苦心栽培和细心教育下，不到10岁的孔子便已经学完了全部发蒙功课。他聪明好学，善于思考，记忆力出众，乐于助人，成了同窗中的佼佼者。

这段日子对孔子日后办学兴教产生了深远的影响。他不仅继承了母亲的教育理念，更将其发扬光大，为后世的教育事业奠定了坚实的基础。可以说，没有颜徵在的悉心教导，就没有日后伟大的教育家孔子。

图8-7 书法作品

我的水墨童年

我的水墨童年，宛如一幅幅淡雅且意蕴深远的画卷，在岁月的长河中缓缓铺陈开来。不怒自威的爷爷，他的身影与字迹，如同浓墨重彩的一笔，深深地烙印在我童年的记忆里。

每当踏入爷爷家门，便仿佛步入了他的墨香世界。客厅的墙壁上，挂满了他的书法作品。他的一生都沉浸在书法的世界里，钻研不辍，最终自成一体，筋骨俱佳，肥瘦相宜。临近春节，村子里的乡亲们便会络绎不绝地前来求取春联，爷爷总是笑盈盈地挥毫泼墨，用他的笔墨为每一个家庭送去新年的祝福与期待。那些春联不仅字体美观大方，更蕴含着深厚的文化底蕴和爷爷对乡亲们的深情厚谊。

爷爷练字的习惯，仿佛是他生活的一部分，雷打不动，每天两张，风雨无阻，从未有过间断。即使生病住院，他也会在回家后及时补上功课。他的这份坚持与执着，不仅让我深受感动，更让我对书法产生了浓厚的兴趣与向往。

四年级那年，我开始跟随爷爷学习书法。初涉此道的我，对那黑与白的搭配感到无比新奇与着迷。更多的是，因爷爷的威严而心生敬畏。刚开始练字时，每当我提起毛笔，蘸上墨汁，便感到心跳加速，手指微微颤抖。然而，爷爷的威严似乎只是表象，他在指导我时，总是耐心而温和，从未有过一丝一毫的责备。

多年以后，回想起来，书法就像是一根无形的线，悄悄拉近了我和爷爷的距离。随着时间的推移，我渐渐爱上了写字。每当我在纸上挥洒自如时，内心都充满了无尽的喜悦与满足。那墨香弥漫的空气中，仿佛蕴藏着无尽的智慧与韵味，让我沉醉其中，无法自拔。

爷爷不仅教我写字的技巧，更教我如何做人。他常说："书法如人生，需要耐心、恒心和毅力。"这些话深深地印在了我的心中，成为我前进的动力。

很多个午后，阳光透过窗棂，斜斜洒落进来，我独自坐在书桌前，放着悠扬的音乐，沉浸在书法的世界里。每一笔、每一画，都凝聚着我对书法的热爱与追求。那些时光，成了我人生中最美好的回忆。每当我心情低落时，书法便成了我治愈心灵的良药。

如今，回想起那段水墨童年，我心中依然充满了感激与怀念。感谢爷爷给予我这样的启蒙与陪伴，让我在书写时感受到快乐。水墨童年，不仅让我领略了书法的魅力，更让我学会了坚持与执着，这将是我一生的宝贵财富。

家庭环境是孩子成长的摇篮，其文化氛围的浓厚程度，对孩子的成长轨迹产生着深远影响。一个充满文化氛围的家庭环境，如同滋养孩子心灵的甘泉，不仅能为他们提供丰富的精神滋养，更能激发他们的求知欲和创新火花。

图8-8　书籍的摆放

　　首先，在文化氛围浓厚的家庭中，孩子能够在日常生活中轻松接触到各类文化元素。无论是书籍的墨香、音乐的旋律、绘画的色彩还是手工艺品的巧思，这些文化载体都能为孩子打开一扇扇通往知识世界的大门，让他们在欢乐中学习，在探索中成长。

　　其次，这样的家庭环境有助于培养孩子的阅读习惯。阅读是获取知识的捷径，也是提升个人修养的必经之路。父母通过与孩子共读经典、分享阅读心得，能够引导孩子深入书籍的海洋，感受文字的魅力，从而培养他们的阅读兴趣和习惯。这样的习惯一旦养成，就是孩子终身受益的宝贵财富。

　　最后，充满文化氛围的家庭环境还能激发孩子的创新精神。在这样的环境中，孩子可以接触到各种创新的思维方式和文化成果，从而激发他们的创新意识和创造力。父母可以鼓励孩子尝试不同的艺术形式和创作方式，让他们在实践中锻炼自己的想象力和创造力。

　　然而，要打造一个充满文化氛围的家庭环境并非易事。父母需要不断提升自己的文化素养和审美水平，才能为孩子提供正确的引导和示范；同时，还需要花费时间和精力去挑选适合孩子的文化产品，设计富有创意的文化活动，让孩子在轻松愉快的氛围中感受文化的魅力。

　　总之，家庭环境的文化氛围对于孩子的成长发展具有举足轻重的作用。让我们共同努力，营造一个充满文化氛围的家庭环境，为孩子的成长提供有力的支持，助力他们成为有知识、有素养、有创新精神的新一代。

四、民主和谐、宽严并济的家庭氛围

曾有学者针对4000名儿童进行了详尽的家庭氛围研究，其结果引人深思。数据明确显示，在和谐、温馨的家庭氛围中成长的儿童，其智商普遍高于那些生活在家庭不和氛围中的孩子。这一发现不仅凸显了家庭氛围对儿童智力发展的深刻影响，更让我们深刻认识到和谐家庭对孩子成长的不可或缺性。

进一步的研究还表明，不良的家庭关系不仅对孩子的智力发展构成障碍，甚至可能对他们的身高发育产生不良影响。这一发现再次强调了家庭氛围对孩子全面发展的重要性。

多孩家庭的民主和谐是家庭教育中不可或缺的目标，它不仅能够加深孩子们之间的亲情与尊重，还能为整个家庭营造一种积极向上、和谐融洽的氛围。要实现这一目标，家长们需要精心策划并采取一系列明智的策略和方法。

首先，尊重每个孩子的独特性是基础。每个孩子都拥有自己独特的兴趣、才能和个性特点，家长应深入了解并充分尊重这些差异，为他们提供平等的资源和机会，确保每个孩子在家庭中感受到自己的重要性和价值，这样孩子们才能健康、自信地成长。

其次，建立开放、平等的沟通渠道至关重要。家长应鼓励孩子们勇敢表达自己的观点和想法，认真倾听他们的心声，给予他们足够的关注和理解。同时，避免对任何一个孩子偏袒或冷落，以平等、公正的态度对待每一个孩子。这样的沟通方式有助于增进亲子关系，促进家庭内部的和谐与稳定。

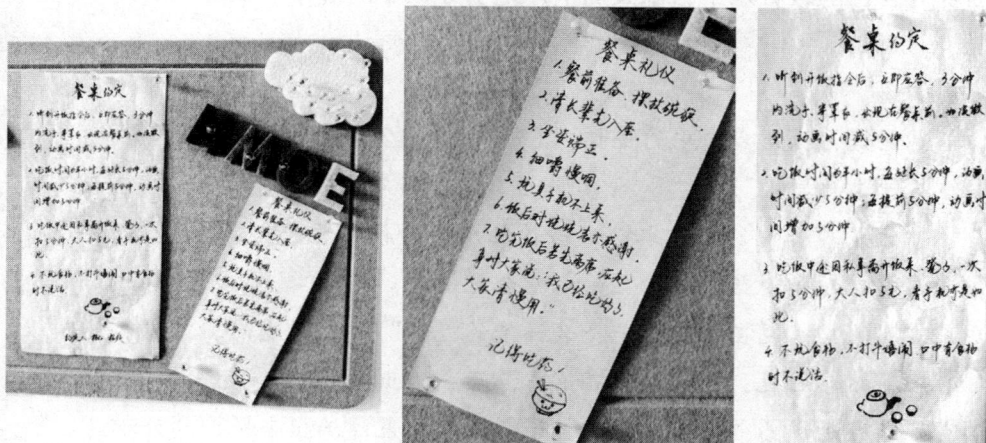

图8-9　餐桌约定

此外，制定公平、合理的家庭规则也是必不可少的。这些规则应涵盖家庭成员之间的相处方式、家务分工、资源分配等方面，并经过全体家庭成员的共同讨论和协商，以确保规则的合理性和可执行性。规则一旦制定，家庭成员都应严格遵守，以维护家庭秩序和公正性。

在培养孩子们的合作精神和团队意识方面，家长可以通过组织一些家庭活动或游戏来实现。这些活动不仅能让孩子们学会相互合作、相互支持，还能培养他们的集体荣誉感和责任感。同时，这些活动也能增强家庭凝聚力，让家庭成员之间的关系更加紧密。关于角色的分配，尽量让兄弟姐妹是一个战线，大人为对立方。

我经常扮演大怪兽，抓两个小家伙。他们也会配合着四散而逃。规则是如果两人拥抱，便可使用"冷冻"绝招，大怪兽就定住，不能动弹。那么多次的配合默契、互相拥抱，潜移默化中两人的关系自然不一般。

最近，宝贝们一回家，我就"被生病"。"女医生"和"男护士"把我这个病人扶到沙发躺着，又开始了黑暗治疗。前两天是"打针"，今天居然发明了"输液"。一开始还是热情周到的服务，后面陆续跑偏：拿着听诊器，诊断我心跳过快，处理方案居然是拔了我的牙……

再者，家长需要不断学习和提升自己的家庭教育能力。多孩家庭的教育挑战更为复杂多样，家长需要不断总结经验、反思不足，并寻求更有效的教育方法和策略。同时，保持开放的心态，积极接受新的教育理念和方法，不断提升自己的教育水平，温柔而坚定地引导孩子们健康成长。

"妈妈"

"嗯。"

"妈妈，你是我心中的一杯水。"

"什么意思？"

"你是我心中的一杯水。每当你凶我的时候，杯子里的水就会少一些；每当温柔地对我说话，杯子里的水就会涨一些。"

"真的吗？现在杯子里是什么样子的呢？"我温柔地问。

她笑眯眯地说："妈妈，满了，满了，溢出来了。"

弟弟补充说："妈妈，我的杯子也满了，果汁洒出来了，到处都是。"

最后，建立亲密的亲子关系也是营造宽严并济家庭教育氛围的关键。家长与自己的每一个孩子都有专属的亲子时光。家长应多与孩子沟通，了解他们的想法和需求，给予他们足够的关爱和支持。同时，也要尊重孩子的独立性和自主性，鼓励他们参与家庭决策和规划，培养他们的责任感和主人翁意识。

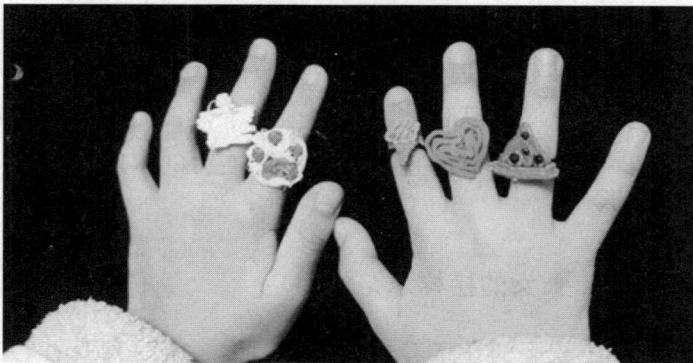

图8-10　儿童的手工作品

综上所述，实现多孩家庭的民主和谐需要家长的耐心、智慧和努力。通过尊重孩子的个性、建立开放的沟通渠道、制订公平合理的家庭规则、培养合作精神以及不断学习和提升教育能力，家长可以营造出一种积极健康的家庭氛围，为孩子们的健康成长奠定坚实的基础。

五、认真地发现每一个孩子的闪光点，但是不做比较

在多孩家庭中，孩子们之间的比较是一个常见且敏感的问题。当孩子们问及"谁做得最好"时，他们往往并不是真的在寻求对作品的评价，而是希望确认自己在父母心中的位置和重要性。因此，家长的回答方式至关重要，既要肯定每个孩子的努力和成就，又要避免直接比较，以免破坏孩子们之间的亲密关系。此时，无论选择哪个孩子，家长都是输家。激励性评价是一门艺术，它应该是积极的、使人自信的、激发内在动机的、强调过程的、指向发展的。[1]赞赏在于细节、做法，家里小朋友也常常问我这个问题。

一次，画完画，姐姐问："妈妈，快来看，谁画得好看？"我端详了好一会儿，回复说："我看到你的作品中的小兔子还穿了一件有小兔子的裙子，真的很可爱，这么迷你的兔子你都能画出来，你真的很关注细节。弟弟

①叶平枝.教师激励性评价对幼儿发展影响的实证研究［J］.教育科学研究，2022.

的作品用了这么多材料，有轻粘土、透明胶带、纸片，画面很丰富，给人无限遐想。两个作品我都好喜欢，刚刚你们专注创作的样子，把妈妈都吸引了呢！"这时候，姐姐并不会罢休："那两个作品只能选一个，妈妈会选哪一个？""天啊，这太难选了。可能5岁的小朋友中，我最喜欢你的作品，3岁的小朋友中，我最喜欢弟弟的作品。"

这样的回复，既看到了作品中的细节，肯定各自的努力，同时又指向创作时的关注。同时，也潜移默化地告诉两个孩子，你们是不同的年纪，处于不同的发展水平，作品上暂时的差异并非自己能力的问题，而是发展水平的差异。

六、发挥长子、长女的榜样示范作用

如果想要让年纪较小的孩子养成良好的习惯，有一种既省心又省力的方法，那就是让他们的哥哥、姐姐来做出榜样。有些家庭可能会因为觉得家中的长子、长女错过了养育的最佳时期而心怀愧疚，于是对小的孩子过度呵护或严格管教。然而，他们或许未曾意识到，只有当长子、长女的行为真正有所改观时，次子、次女才会心悦诚服地接受和模仿，否则他们总会有勇气反唇相讥："为什么哥哥或姐姐可以这样，我却不可以？"

热衷于跟视频学习手工制作的姐姐总有自己的主意。老师教授蓝色圣托里尼，她却说黄色更好看。每当她坚定地说出"你又不是我，你不能决定我的选择"时，我的心中都涌现出无尽的欣慰。我生怕她缺乏独立思考的能力，而此刻，她正用行动证明着她拥有属于自己的想法和见解。

我总会不由自主地轻声自语："嗯嗯，姐姐有自己的想法，她喜欢按照自己的意愿去创作，不知道会给我们带来怎样的惊喜。"没过多久，弟弟也开始模仿姐姐，将这句话挂在嘴边："我有我的想法。"在多孩家庭中，哥哥姐姐对于弟弟妹妹的榜样力量往往比父母或其他成人更为强大。

因此，我们应当重视并善用哥哥姐姐在家庭中的榜样作用，让他们以自身的言行去影响和带动弟弟妹妹，共同营造一个和谐、积极、向上的家庭氛围。

七、相信孩子，学会放手

相信孩子，学会放手，这是每位家长在育儿路上必须领悟的智慧。养育孩子的终极目标，便是培养他们成为能够独当一面、自主生活的个体，实现

与家长的成熟分离。这种分离并非情感的疏离，而是孩子成长道路上必经的蜕变，是他们从依赖走向独立的标志。

在孩子的成长过程中，家长应给予他们充分的信任与鼓励。我们要深信，孩子拥有无尽的潜能，他们能够勇敢地去探索未知、解决难题，逐步适应并迎接生活的种种挑战。当孩子遭遇困境时，家长不必急于插手，而应耐心地引导他们独立思考、勇敢尝试，让他们在解决问题的过程中锻炼自我能力。

同时，家长也要学会适时放手。放手不是放任自流，而是在恰当的时机给予孩子足够的空间与自由。让他们有机会去接触新事物、体验不同的生活方式，从而培养独立思考和自主决策的能力。家长要相信，孩子在探索与实践中会不断成长，逐渐成为一个独立、自信、有担当的人。

养育孩子的过程，如同一场渐行渐远的旅行。家长既要珍惜与孩子共度的每一段美好时光，也要为他们未来的独立生活做好充分的准备。让我们在养育孩子的过程中，既给予他们足够的关爱与支持，又给予他们足够的自由与空间。这样，孩子们才能健康快乐地成长，逐步迈向独立自主的人生。

第二节　发生在多孩家庭中的学习故事

一、家庭中的学习故事：好玩的皮影戏

在一个普通的周末，阳光透过窗户洒在客厅的地板上，温暖而明亮。姐姐笑眯眯地拿着一本书向我靠近："妈妈，什么是皮影戏？""嗯，皮影戏啊，是我国古代的一种传统艺术。"她继续翻着手里的书，嘴里嘟囔着："感觉好好玩，要是我在古代就好了。"她眼睛依旧盯着书，饶有兴趣地看着。

静静待她看完书，看她不舍地将书放回书架，我便问她："皮影戏哪里好玩呀？"她眼中立刻放出光芒："有各种各样的影子啊，有了那么多影子，我都可以当导演了。""那我们试着做一个？""真的吗？能做出来？妈妈，你太棒了！""这不是个容易的任务呢，但是我们可以一起试一试。""耶！"姐姐一声欢呼，把弟弟招来。咚咚咚，小肉球跑了过来，说自己也要帮忙。

"刚刚书里的皮影戏是什么样子的？"

"有一块布，像个舞台，还有很多不同的小玩偶。"

"那我们一起找找，什么材料可以搭个舞台？"

咚咚咚，两个小助理出发了，片刻，拿回一大堆材料：午睡毯、浴巾、床单、外套、纱裙、毛衣、纸……

"皮影戏的人物是怎么在舞台上的呀？"

"书里说后面要有个光源。嗯，手电筒应该行。"

咚咚咚，手电筒拿回来了。

"那么我们一起试试，这些材料行不行？"

一地的材料挨个放在手电筒前面，姐姐一直摇头，不行，不行，还是不行。直到尝试用纱裙，仿佛看到了希望。

"妈妈，好像需要薄一点的材料。"但是纱裙的布料层层叠叠，并不平整。"再去找找看。"两个小家伙开始对家里进行又一轮搜刮。

"还需要硬的材料把舞台的幕布撑起来。"

两人盯上了鞋柜，搜刮了鞋盒过来。"妈妈，我看到美术老师用鞋盒制作了电视机，制作舞台应该也可以吧？我们把中间挖掉。"

图8-11　皮影戏1

我点点头，开工。鞋盒打开，却发现了一样好东西——鞋子的防尘套，白色轻薄的无纺布，不正是我们要寻找的材料吗？

我们齐心协力，搭了个舞台，其实就是把无纺布扣在掏空的鞋盒上。然后请来了他俩的小玩偶们——兔子、小熊、长颈鹿，一看肯定是发生在大森林的故事。

当小玩偶们准备就绪，手电筒也支起来，姐姐迫不及待地开始了表演。在灯光的照射下，小玩偶的影子被清晰地投射在幕布上，仿佛活了起来。弟弟和我在观众席上，做起了气氛组。弟弟看到玩偶慢慢靠近幕布，影子却越来越小，兴奋地叫起来。姐姐可不知道发生了什么。一会儿，弟弟又叫起来。姐姐着急地从舞台后面跑出来。"弟弟，你去表演，我看看发生了什么？"姐姐惊奇地看着长颈鹿巨人，"大巨人，大巨人，太好玩了。"同一个小玩偶，可以是大怪兽，也可以是小可爱，真神奇！孩子们轮流操纵玩偶进行表演，他们一边讲述着故事情节，一边操纵玩偶做出各种动作，还不时地"咚咚咚"，去搜罗更多的玩偶过来。玩了好一会儿，舞台有点歪了。那么多玩偶，舞台太挤了。

"妈妈，妈妈，我想换个大舞台。"

"安排，老规矩，找材料去。"

咚咚咚，不一会儿，靴子盒登场，皮影戏2.0版上场。这次的舞台预留草地和半棵大树。

"妈妈，我想给我的小兔子盖个房子。"

"可以呀，把你昨天的剪纸作品拿来试试。"

哈哈，森林小屋恰恰好。随着舞台的扩展、角色的增加，我们的家庭皮影戏越来越精彩。两个小导演不停地喊我："妈妈，把我的故事拍下来，把我的故事拍下来……"一表演完，他们就兴冲冲地检验成果。

"妈妈，要是我能边表演边看到效果就好了。"

"可以呀，你可以找什么来帮忙呢，就可以看到自己的表演呢？"

"镜子！"

镜子的加入，小小导演们就会尽量不让自己的手破坏画面。但有的时候，却没有办法避免。姐姐回想起书中的艺术家手里拿着小棍子，小棍子连着皮影，并不是直接把皮影拿在手上的。又开始了新一轮的尝试。烧烤竹签是个不错的材料，但是怎么把竹签和玩偶固定起来呢？两人拿着各种胶琢磨了好半天。最后，还是超轻粘土帮了大忙。在接下来的两周里，两人都在挖空心思地找玩偶，固定玩偶，晾晒玩偶，演戏。因为超轻粘土完全干透要一天的时间，吹风机也来"帮忙"了。

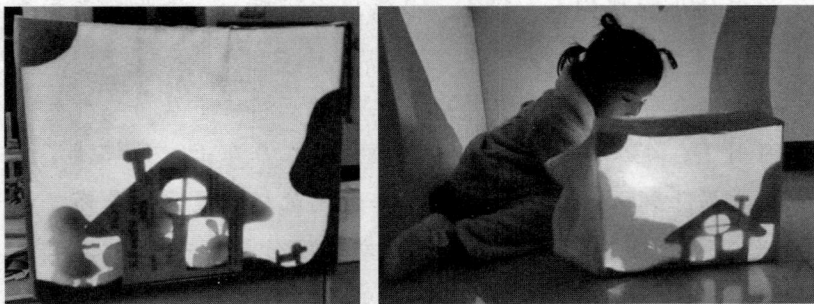

图8-12　皮影戏2

很长一段时间，家庭皮影戏都在热火朝天地上映。直到……

一天，快递员送来一个质量超级棒的大纸箱。两个人两眼放光。"如果我们的舞台这么大、这么结实该多好。""当然可以呀，幕布也可以升级，快递盒里包装用的雪梨纸又薄又透，且平整，比之前的无纺布强多了。在没有光源的情况下，也可以清晰地展示各种形象。"升级后的舞台，无论是乌云闪电还是晴空万里、飞禽走兽、山川河流、花草树木，只要故事需要，便可轻松呈现。后来，他们甚至开始尝试为皮影戏编写剧本，设计更加复杂和有趣的故事情节。

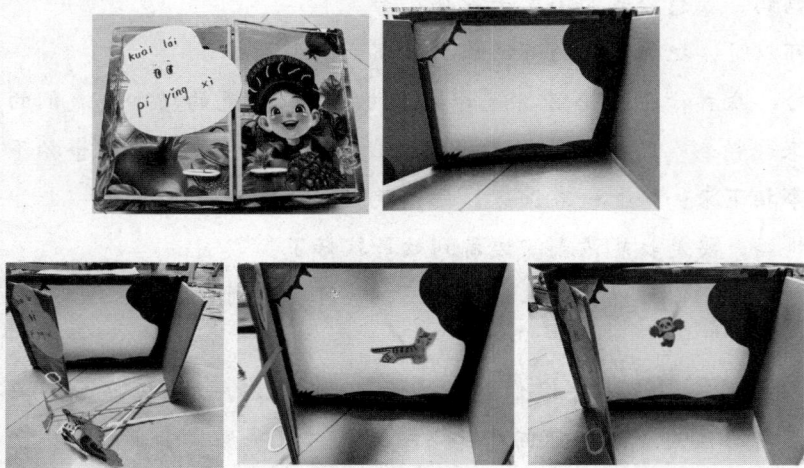

图8-13　皮影戏3

那份认真和投入让我们感动不已。我们为他们的创意和勇气鼓掌，也为这段充满欢笑的家庭时光感到幸福。家庭皮影戏还促进了我们家庭成员之间的互动和沟通。在制作和表演的过程中，我们互相交流想法、分享经验，增进了彼此的了解和信任。这种亲密无间的家庭氛围让我们感到无比温暖和幸福。

好玩的皮影戏不仅让我们的家庭时光变得更加有趣和富有创意，还让我们深刻体验到了中国传统文化的魅力和价值。我们相信，在未来的日子里，我们会继续传承和发扬这一古老而又神奇的艺术形式，让它在我们的家庭中焕发出更加绚丽的光彩。

二、家庭中的学习故事：神奇的消防车

收到朋友送来的积木玩具，上面赫然标注着"10岁+"，我自然而然地将其收了起来，心想这定是专为年长些的孩子设计的复杂玩具。然而，家中的孩子们总是充满好奇与探索欲望，他们趁我不在悄悄拆开了包装。待我回家，看到客厅的爬行垫满满都是小颗粒积木，标识着安装步骤1、2、3、4的袋子散落在四周。当时，我脑袋"嗡"的一下，我记得包装盒上显示是830块，而现在，我可不确定所有的材料都在。两个小家伙正在聚精会神地研究着说明书。既然已经如此，那就加入吧！不然还能怎么样。

"妈妈，妈妈，快来快来，我们好想玩这个呀！""当然好，但是现在零件到处是，我们先让他们集合，怎么样？""嗯！""去找几个浅浅的盒子来，好吗？"咚咚咚……小家伙们跑远了，咚咚咚……小家伙们回来了，手里拿着大小不一的盒子。"好，满地的零件我们分类收集起来吧！""妈妈，怎么分类？""让我们想想，怎么分好呢？""妈妈，按大小分！""还可以按颜色分！""按颜色分吧，有的不大不小的，不知道该放哪里。"我笑眯眯地看着他们，点点头。很快，令我头疼的积木被分类放在了盒子里面。"我来组装，你们当我的小助手吧！""好！"小家伙很是配合，根据说明书的步骤找起零件。一人负责找零件，一人充当质检员，颜色、形状一致的便送到我手边。没过一会儿，我这边的零件越来越多。他们嫌弃我组装太慢，开始消极怠工起来。各种小零件在手中被任意摆弄，他们沉浸在他们的世界里，我沉浸在我的世界里。又过了好一会儿，两个迷你飞行器组装完成。我忽然就愣在那里，原来，小颗粒积木，姐姐是可以轻松驾

驭的呀！一直以来，只是我一厢情愿地以为，小颗粒积木是学龄儿童才能操作的材料，却从未让他们尝试过。正在我发呆的时候，两个人把各自的材料组装在一起，命名为"直升机停车场"。两人对自己的作品满意得不得了，而我则是惊叹！惊叹于他们精细动作的发展，更惊异于他们的创意。为什么不让他们尝试自己组装呢？

图8-14　消防车1

角色互换后，看着他们忙碌的身影，一个忙着找零件、对照图纸，一个负责组装，小手灵巧地将零件拼凑在一起。我原以为这样的玩具对他们来说太过复杂，但神奇的是，真的只是我以为而已。即便是年仅4岁、5岁的小朋友，也可能在他们的尝试下，一步步完成组装。偶尔，我也会加入其中，一些卡扣太紧的时候，我才有用武之地。

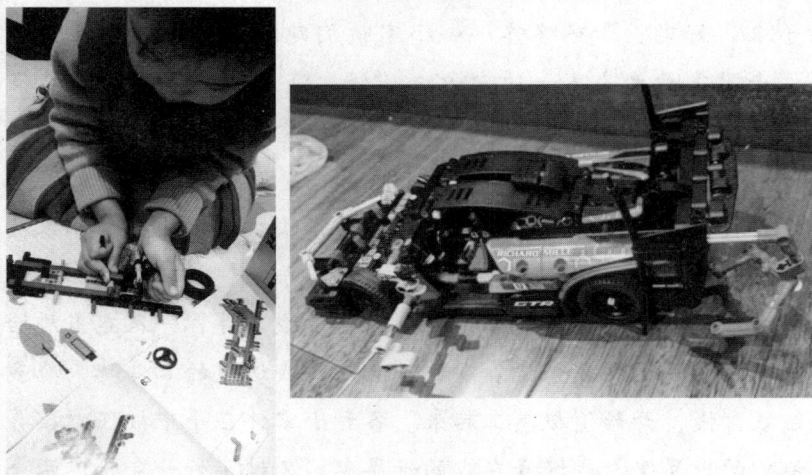

图8-15　消防车2

随着玩具的逐渐成形，孩子们越来越兴奋，每天心心念念的就是想要完成这个作品。快要完成的时候，方向开始走偏了。原本是一辆酷炫的跑车，但在他们的巧手下，竟然变成了一辆功能强大的垃圾车。汽车中部的管状设计，有喷水降尘的功能。汽车尾部的活动抓夹，是弟弟组装而成的，不让拆，最后两人商议，可以保留这个设计，它可以将沿路的垃圾一网打尽。垃圾在汽车内部分解、转化，最终在汽车顶部随机形成各种小玩具。我惊叹于他们的操作能力，更感叹于他们的创造力。

看到孩子们如此投入，我便买了很多小颗粒积木回家。那段时间的睡前故事都是各种交通工具，他们尤其迷上了消防车。某天我下班回家，一辆造型怪异的消防车出现了。

"妈妈，妈妈，快看看我们的消防车！"

"好奇特的消防车，为什么它没有轮子呢？"我笑着问。

"它是滑行消防车！"

8-16　消防车3

"这辆消防车可是我们的新发明——海陆空三栖消防车。它不需要轮子，因为采用了先进的磁悬浮技术，可以在地面上平稳滑行，就像滑冰一样迅速。"姐姐补充道。看来那套《中国力量科学绘本》的影响挺大，科学词汇一套一套的。

我瞪大了眼睛，惊叹道："太神奇了！那它能在水里航行和天上飞吗？"

"没错，这辆消防车不仅可以在陆地上滑行，还能潜入水中，进行水下救援，也可以在空中飞行。一旦高层建筑发生火灾，它就能迅速升空，飞到火灾现场进行灭火。"

"那的确解决了一个大难题。"

"妈妈，你猜这边的小风扇是干吗的呢？"

"救火的时候太热，吹风用的。"

两人笑作一团。"这辆消防车配备了拨开云层的设计，即使在雾霾的天气里，也能通过先进的雷达和红外线探测技术，准确找到着火点。而且，它装备的不是传统的灭火器，而是高压灭火枪。这种灭火枪能够远距离喷射灭火剂，有效地控制火势，保护消防员的安全。"

我听得津津有味："这样的消防车一定能更好地保护我们的安全。"

他们的眼中闪烁着期待的光芒，仿佛已经看到了那辆可以滑行、可以驰骋在陆地和海洋，甚至能飞翔在天空的消防车。我听着他们的描述，心中充满了温暖和欣慰。孩子们的想象力是如此丰富，他们的世界充满了无限可能。而我，作为他们的母亲，也愿意陪伴他们一起探索，一起成长，一起走向无限可能的未来。

8-17　消防车4

这样自发主动的学习故事在孩子的生活中数不胜数。它们就像一颗颗璀璨的星辰，点缀着孩子们探索世界的夜空。这些学习故事，不仅仅是知识的传递，更是孩子们心灵成长的见证。孩子们在内在动机的驱使下学会了观察、思考和探索，他们在知识的海洋中畅游，不断发现新的奥秘。每一次的探索和发现，都是他们人生道路上宝贵的财富。虽然他们长大后可能并不记得，但是这些故事却一次次地让我不断反思：孩子发展的边界在哪里？我所能给予的支持与鼓励足够多吗？

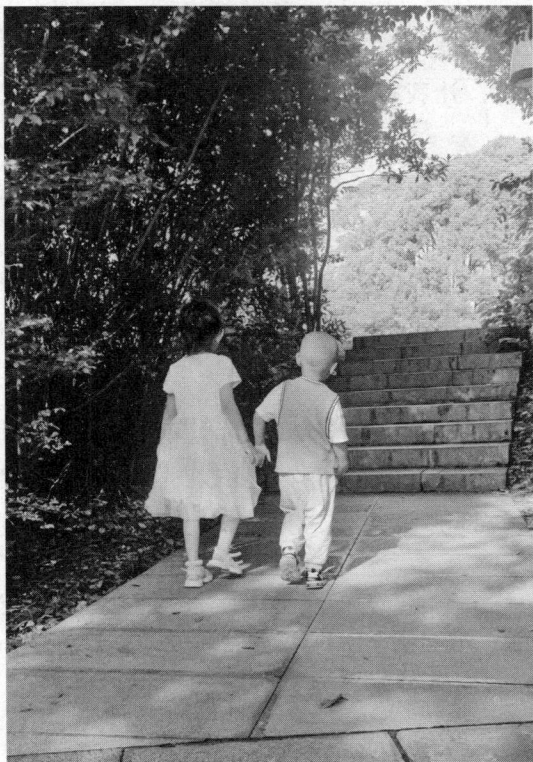

8-18　姐姐和弟弟

致　谢

感谢家人对我的支持，特别是我的母亲杨红女士对我的付出。她为我承担了太多生活的重担，让我得以从生活的琐碎中解脱出来，拥有了写作本书的时间和精力。

感谢我的两个孩子给我带来的幸福与灵感，和他们一起玩耍、操作各种材料，是我最纯粹、最简单，也是最高级的快乐。

感谢安顺教育学院领导邱天龙院长和同事们的鼓励与支持，感谢知心朋友朱晓群老师在无数个深夜的加油打气，感谢我遇见的学生们，我们在相互滋养中共同成长。

感谢云南师范大学曹能秀教授的无私关爱，带着无知懵懂的我入门，不仅在我求学期间百般照拂，而且在我毕业投身工作之后仍不吝引导。曹老师曾启发我说，无论教授哪门课程，只要潜心研究，向深处挖掘，总会有惊喜。

感谢广州大学叶平枝教授的殷切鼓舞，在广州大学访学的日子里，让我找回初心，感受到身为老师的责任与美好。

附录：幼儿园建设标准（建标175–2016）

第一章　总　则

第一条　为贯彻执行《中华人民共和国教育法》《中华人民共和国未成年人保护法》等法律法规，落实《国家中长期教育改革和发展规划纲要（2010—2020年）》，促进学前教育事业的改革和发展，加强幼儿园建设的科学化、规范化管理，提高幼儿园的规划设计质量和建设水平，营造适合幼儿身心健康发展的物质条件和育人环境，特制定本建设标准。

第二条　本建设标准是为幼儿园建设项目决策服务和合理确定幼儿园建设水平的全国统一标准，是编制、评估和审批幼儿园建设项目建议书、可行性研究报告的依据，也是审查项目工程设计和监督检查工程项目建设全过程的尺度。

第三条　本建设标准适用于幼儿园新建项目，改建和扩建项目参照执行。

第四条　幼儿园建设必须坚持"以幼儿为本"的原则，符合幼儿生理和心理成长规律。园区布局、房屋建筑和设施应功能完善、配置合理、绿色环保、经济美观，具有抵御自然灾害、保障幼儿安全的能力。

第五条　幼儿园建设应与学前教育发展和社会经济发展水平相适应。本建设标准对幼儿园各类及各项用房面积指标设置了低限和高限。普惠性幼儿园不得低于面积指标低限，也不宜高于面积指标高限。幼儿园可利用现有资源面向社区开展0岁～3岁科学育儿指导服务。

第六条　新建、改建、扩建的幼儿园项目，均应先规划后建设。各地应根据学前教育可持续发展的需要，按照房屋建筑面积指标进行园区规划。幼儿园建设用地应纳入当地域乡建设规划。

第七条　幼儿园建设除应执行本建设标准外，尚应符合国家现行相关标准和规范的规定。

第二章　建设规模与项目构成

第八条　幼儿园的建设规模应根据服务人口数量确定，并与区域经济发展水平相协调。

第九条　幼儿园的建设规模分类宜符合表1的规定。

表1　幼儿园建设规模分类表

分类	服务人口（人）
3班（90人）	3000
6班（180人）	3001～6000
9班（270人）	6001～9000
12班（360人）	9001～12000

注：幼儿园办园规模不宜超过12班。城镇幼儿园办园规模不宜少于6班。农村幼儿园宜按照行政村或自然村设置，办园规模不宜少于3班。服务人口不足3000人的，宜按3班规模人均指标设办园点。

第十条　幼儿园建设项目由场地、房屋建筑和建筑设备等构成。

一、场地由室外游戏场地、集中绿地两部分组成。

二、房屋建筑由幼儿活动用房、服务用房、附属用房三部分组成。

1．幼儿活动用房包括班级活动单元、综合活动室等。

2．服务用房包括办公室、保健观察室、晨检接待厅、隔离室、洗涤消毒用房等。

3．附属用房包括厨房、配电室、门卫收发室、储藏室、教职工卫生间、教师值班室、集中浴室等。

三、建筑设备主要包括建筑给排水系统、建筑电气系统、采暖通风系统、电梯及弱电系统等。

第三章　选址与规划布局

第十一条　幼儿园布局应符合当地学前教育发展规划，结合人口密度、人口发展趋势、城乡建设规划、交通、环境等因素综合考虑，合理布点，保障安全。城镇幼儿园的服务半径宜为300m～500m。城镇居住小区应按居住区规划设计配建幼儿园。

第十二条　幼儿园选址应符合下列原则：

一、选择地质条件较好、环境适宜、空气流通、日照充足、交通方便、场地平整、排水通畅、基础设施完善、周边绿色植被丰富、符合卫生和环保要求的宜建地带。

二、必须避开地震危险地段、可能发生地质灾害和洪水灾害的区域等不安全地带，避开输油、输气管道和高压供电走廊等。

三、必须与铁路、高速公路、机场及飞机起降航线有足够的安全、卫生防护距离。应避开主要交通干道、建筑的阴影区等。

四、不应与集贸市场、娱乐场所、医院传染病房、太平间、殡仪馆、垃圾中转站及污水处理站等喧闹脏乱、不利于幼儿身心健康的场所毗邻；不应与生产经营贮藏有毒有害、易燃易爆物品等危及幼儿安全的场所毗邻；不应与通信发射塔（台）等有较强电磁波辐射的场所毗邻。

五、幼儿园不得建在高层建筑内。3班及以下规模幼儿园可设在多层公共建筑内的一至三层，应有独立院落和出入口，室外游戏场地应有防护设施。3班以上规模幼儿园不应设在多层公共建筑内。

六、农村幼儿园宜设在集镇或毗邻乡村中小学，应避开养殖场、屠宰场、垃圾填埋场及水面等不良环境。

第十三条　园区总平面规划包括总平面布置、竖向设计、管网综合设计等，并应符合下列原则：

一、园区总平面规划应因地制宜、适合幼儿特点，并有利于幼儿园建设发展和对幼儿的保教与安全管理。

二、总平面布置应功能分区明确、方便管理、节约用地。园区总平面规划应以园区房屋建筑总面积和相应的容积率为依据测算园区规划建设用地，容积率宜为0.55～0.65。

1.幼儿活动用房应有良好朝向，冬至日底层满窗日照不应少于3h。

2.园区道路的布置应便捷通畅，宜人车分流，竖向设计应满足无障碍要求，主要道路宽度和转弯半径应满足消防车辆通行要求。

3.室外地面游戏场地人均面积不应低于$4m^2$。其中，共用游戏场地人均面积不应低于$2m^2$，分班游戏场地人均面积不应低于$2m^2$。分班游戏场地宜邻近活动室布置，其数量应至少能容纳n—2个班（n为全园班级数）同时游戏活动。室外地面游戏场地宜为软质地坪，应保证1／2以上的游戏场地冬至日日照时间不少于2h。

4.建筑组合应紧凑、集中，主要建筑之间宜有廊联系。园区绿化、美化应结合建筑布置、空间组合统一规划和建设。幼儿园绿地率不宜低于30%。集中绿地包括专用绿地和自然生物园地，人均面积不应低于$2m^2$。绿地中严禁种植有毒、带刺、有飞絮、病虫害多、有刺激性的植物。

5.园区主出入口不应直接设在城市主干道或过境公路干道一侧。园门外应设置人流缓冲区和安全警示标志。园区周边应设围墙。主出入口应设大门和门卫收发室。机动车与供应区出入口宜合并独立设置。

6.园区适宜位置应设置旗杆、旗台。

三、室外给排水、供气、供热、供电、通信、网络等管线，应根据总平面设计合理布置，管线宜暗设。农村幼儿园的污水排放不应影响园区和周边环境卫生与幼儿安全。用电负荷应适当留有余量。

第四章　面积指标

第十四条　幼儿园各类用房人均使用面积和建筑面积指标应符合表2的规定。

表2　幼儿园各类用房人均使用面积和建筑面积指标（m^2／人）

类型	用房类别		面积指标			
			3班	6班	9班	12班
全日制	幼儿活动用房		5.10~6.30	5.10~6.30	5.00~6.20	4.90~6.10
	服务用房		0.49~0.74	0.99~1.24	0.84~1.07	0.69~0.90
	附属用房		0.60~0.80	1.22~1.34	1.15~1.26	1.08~1.18
	人均使用面积合计		6.10~7.84	7.31~8.88	6.99~8.53	6.67~8.18
	人均建筑面积合计	K=0.6		12.18~14.80	11.65~14.22	11.12~13.63
		K=0.7	8.84~11.20	10.44~12.69	—	—

类型	用房类别	面积指标			
		3班	6班	9班	12班
寄宿制	幼儿活动用房	5.10~6.30	5.10~6.30	5.00~6.20	4.90~6.10
	服务用房	0.55~0.80	1.05~1.30	0.90~1.19	0.75~0.96
	附属用房	0.83~1.08	1.43~1.55	1.36~1.47	1.29~1.39
	人均使用面积合计	6.48~8.18	7.58~9.15	7.26~8.80	6.94~8.45
	人均建筑面积合计 K=0.6	—	12.65~15.25	12.10~14.67	11.57~14.08
	人均建筑面积合计 K=0.7	9.26~11.69	10.83~13.07	—	—

注：1．楼房使用面积系数K值取0.6，平房使用面积系数K值取0.7。

2．办园规模大于12班时，可参照12班的人均面积指标。

3．各地可按照区域经济发展水平及对幼儿园建设的经费投入情况，采用表中的上限或下限数值。

4．各类指标按平均班额30人测算。

第十五条　全日制幼儿园的各项用房人均使用面积指标应符合表3的规定。

表3　全日制幼儿园各项用房人均使用面积指标（m²／人）

用房类别和用房名称	面积指标			
	3班	6班	9班	12班
幼儿活动用房	5.10~6.30	5.10~6.30	5.00~6.20	4.90~6.10
1．班级活动单元	4.40~5.30	4.40~5.30	4.40~5.30	4.40~5.30
2．综合活动室	0.70~1.00	0.70~1.00	0.60~0.90	0.50~0.80
服务用房	0.49~0.74	0.99~1.24	0.84~0.07	0.69~0.90
1．办公室	0.10~0.35	0.60~0.85	0.50~0.73	0.40~0.6l
2．保健观察室	0.10	0.10	0.08	0.06
3．晨检接待厅	0.20	0.20	0.18	0.16
4．洗涤消毒用房	0.09	0.09	0.08	0.07
附属用房	0.60~0.80	1.22~1.34	1.15~1.26	1.08~1.18
1．厨房	0.40~0.50	0.70~0.72	0.69~0.71	0.68~0.70
2．配电室	—	0.05	0.04	0.03

199

用房类别和用房名称	面积指标			
	3班	6班	9班	12班
3. 门卫收发室	—	0.10	0.09	0.08
4. 储藏室	0.10~0.20	0.20~0.30	0.18~0.27	0.16~0.24
5. 教职工卫生间	0.10	0.10	0.09	0.08
6. 教师值班室	—	0.07	0.06	0.05
人均使用面积合计	6.19~7.84	7.31~8.88	6.99~8.53	6.67~8.18

注：1. 办园规模大于12班时，可参照12班的人均面积指标。

2. 各地可按照区域经济发展水平及对幼儿园建设的经费投入情况，采用表中的上限或下限数值。

3. 各类指标按平均班额30人测算。

第十六条　寄宿制幼儿园的各项用房人均使用面积指标应符合表4的规定。

表4　寄宿制幼儿园各项用房人均使用面积指标（m²／人）

用房类别和用房名称	面积指标			
	3班	6班	9班	12班
幼儿活动用房	5.10~6.30	5.10~6.30	5.00~6.20	4.90~6.10
1. 班级活动单元	4.40~5.30	4.40~5.30	4.40~5.30	4.40~5.30
2. 综合活动室	0.70~1.00	0.70~1.00	0.60~0.90	0.50~0.80
服务用房	0.55~0.80	1.05~1.30	0.90~1.13	0.75~0.96
1. 办公室	0.10~0.35	0.60~0.85	0.50~0.73	0.40~0.6l
2. 保健观察室	0.10	0.10	0.08	0.06
3. 晨检接待厅	0.20	0.02	0.18	0.16
4. 隔离室	0.06	0.06	0.06	0.06
5. 洗涤消毒用房	0.09	0.09	0.08	0.07

用房类别和用房名称	面积指标			
	3班	6班	9班	12班
附属用房	0.83~1.08	1.43~1.55	1.36~1.47	1.29~1.39
1. 厨房	0.46~0.56	0.76~0.78	0.75~0.77	0.74~0.76
2. 配电室	—	0.05	0.04	0.03
3. 门卫收发室	—	0.10	0.09	0.08
4. 储藏室	0.10~0.20	0.20~0.30	0.18~0.27	0.16~0.24
5. 教职工卫生间	0.10	0.10	0.09	0.08
6. 教师值班室	0.05~0.10	0.10	0.09	0.08
7. 集中浴室	0.12	0.12	0.12	0.12
人均使用面积合计	6.48~8.18	7.58~9.15	7.26~8.80	6.94~8.45

注：1. 办园规模大于12班时，可参照12班的人均面积指标。

2. 各地可按照区域经济发展水平及对幼儿园建设的经费投入情况，采用表中的上限或下限数值。

3. 各类指标按平均班额30人测算。

第十七条 班级活动单元的活动室与寝室合并或分开设置时，各项用房人均使用面积指标应符合表5的规定。

表5 班级活动单元各项用房人均使用面积指标（m²／人）

用房名称	面积指标	
	活动室与寝室合并设置	活动室与寝室分开设置
活动室	3.50	2.40
寝室		2.00
卫生间(含厕所，盥洗间，洗浴位等)	0.60	0.60
衣帽储藏室	0.30	0.30
人均使用面积合计	4.40	5.30

第十八条　全日制和寄宿制幼儿园各项用房及使用面积应分别参照附表1和附表2的规定。服务用房和附属用房的各项用房可结合实际情况在本类用房使用面积指标内适当调剂，不得占用幼儿活动用房使用面积指标。

第五章　建筑与建筑设备

第十九条　房屋建筑应符合国家现行幼儿园建筑设计规范相关规定，坚持安全、适用、绿色、节能、环保、经济、美观的原则，营造功能完善、适合儿童身心健康发展、寓教于乐的学前教育环境。不得建设豪华幼儿园。幼儿园的建筑宜为多层或低层建筑。

第二十条　幼儿活动用房应符合下列规定：

一、应设在三层及以下楼层，严禁设在地下室或半地下室。

二、班级活动单元应满足幼儿活动、生活等功能需求。

三、班级活动单元内不得搭建阁楼或夹层作寝室。

四、应保证每个幼儿有一张床位，不宜设双层床，床位侧面不应紧靠外墙布置。

第二十一条　建筑结构应符合国家现行建筑抗震设计规范要求，抗震设防类别不应低于重点设防类。

第二十二条　建筑防火应符合建筑设计防火规范要求，耐火等级不应低于二级。

第二十三条　主要建筑的室内净高应符合下列规定：

一、班级活动单元不应低于3.00m。

二、综合活动室不应低于3.90m。

第二十四条　晨检接待厅（门厅）应宽敞明亮，有利于人流集散通行和短暂停留。

第二十五条　走廊应符合下列规定：

一、单边走廊净宽不应小于1.80m，中廊净宽不应小于2.40m。

二、寒冷地区、严寒地区和温和地区的外廊宜设封闭窗。厨房与幼儿就餐地点不在同一幢建筑的，宜设封闭连接廊。

第二十六条　幼儿出入的门厅、走廊不应设台阶。地面有高差时，应设置防滑坡道，其坡度不应大于1∶12。

第二十七条　楼梯应符合下列规定：

一、楼梯设置的数量和总宽度应按幼儿通行安全和建筑设计防火规范的要求确定。

二、楼梯间应有直接自然采光、通风和人工照明。

三、楼梯踏步高度及宽度、楼梯井宽度、楼梯扶手、垂直栏杆间净距应方便幼儿使用、保护幼儿安全。楼梯栏杆应采用防止幼儿攀登的构造。

四、疏散楼梯严禁使用螺旋形或扇形踏步。

五、入口处应设置上下楼梯相互礼让、靠右行走等指示和警示标志。

六、宜设幼儿扶手和成人扶手。幼儿扶手高度不应高于0.60m，底层及顶层扶手端部应纵向延伸1个踏步宽度。扶手端部和转弯部位不应有棱角。

七、招收残疾幼儿的幼儿园宜设置电梯。

八、严寒和寒冷地区不宜设室外楼梯。

第二十八条　临空安全防护栏杆必须牢固，应采用防止幼儿攀登的构造。

第二十九条　楼地面应符合下列规定：

一、活动室、寝室和综合活动室等用房应采用柔性易清洁的楼地面。

二、门厅、走道、楼梯、衣帽储藏室、卫生间、集中浴室应采用防滑楼地面。

第三十条　门、窗应符合下列规定：

一、幼儿活动用房宜设双扇平开门，禁止设置弹簧门、推拉门、旋转门、玻璃门，不宜设置金属门，不应设置门槛。宜在靠墙部位设置固定门扇的装置。

二、班级活动单元内各项用房之间宜设门洞，不宜安装门扇。

三、幼儿经常出入的门在距地0.60m～1.20m高度内应设观察窗，观察窗应采用安全玻璃。

四、直接采光窗不应采用彩色玻璃。

五、幼儿活动用房窗台距楼地面不宜高于0.60m，并应设安全护栏。走廊和阳台开启窗距地1.80m以下不应设平开窗或悬开窗。

第三十一条　墙面应符合下列规定：

一、幼儿活动用房的内墙面、顶面粉刷应符合环保、适用、经济、耐久、美观的要求，宜选用适合幼儿审美情趣和心理特点的明亮色彩。

二、所有内墙的阳角、方柱及窗台应做成小圆角。

三、幼儿活动用房、走廊内墙面应具备展示教材、作品和布置环境的条件。

四、外墙面1.30m以下不应做质地粗糙饰面，外墙的阳角及方柱应做成小圆角。外装修宜选用适合幼儿审美情趣和心理特征的色彩，并应与园区环境协调。

第三十二条　幼儿卫生间设计应符合下列规定：

一、宜临近活动室或寝室，宜分间或分隔设置。

二、卫生间内不应设台阶。

三、卫生间的门不应直对活动室和寝室。

四、盥洗室与厕所应有良好的视线贯通。

五、盥洗台、厕位的高度、间距及进深应适合幼儿使用需求。

六、盥洗水龙头应采取降压措施。

七、宜有直接的自然通风，无外窗的应设置防止回流的机械排气设施。

八、地处干旱缺水地区的农村幼儿园宜设置节水型卫生环保厕所，严禁在化粪池盖板上设置蹲位，化粪池应设于室外并密封，盖板上应设竖向排气管道，出粪口应加盖并应有防止幼儿移动、开启的措施。

第三十三条　厨房平面布置应符合食品安全规定，满足使用功能要求。厨房不得设在幼儿活动用房的下部。房屋为多层时，宜设置提升食梯。如使用罐装燃气，应设置有外门的钢瓶储存间。

第三十四条　晨检接待厅、保健观察室、隔离室应符合幼儿园卫生保健管理办法和卫生行政部门的要求。隔离室内宜设置厕所。6班及以上规模的幼儿园应设置洗涤消毒间，6班以下的幼儿园应设置洗涤消毒设备。

第三十五条　幼儿活动用房应有良好的天然采光、自然通风和空气对流措施。

第三十六条　主要建筑设备应符合下列规定：

一、幼儿活动用房宜设置集中采暖系统，散热器应暗装。采用电采暖，必须有可靠的安全防护措施。采用壁炉、火墙、火炉采暖，排烟管道必须畅通、无泄漏、无回流，并应安装一氧化碳报警装置。禁止采用无烟道火炉采暖。室内空气质量、新风量应符合现行国家标准。

二、室内照明应采用带保护罩的节能灯具，不得采用裸灯。根据需要配置电源插座。幼儿活动用房应采用安全型插座，插座距楼、地面高度不应低于1.80m，照明开关距楼、地面高度不应低于1.40m。动力电源与照明电源应分开敷设和控制，不得混用。

三、幼儿活动用房、卫生保健用房（包括晨检接待厅、保健观察室、隔离室）、厨房备餐间宜安装紫外线杀菌灯，灯具距楼、地面高度宜为2.50m。紫外线杀菌灯开关应单独设置，距楼、地面高度不应低于1.80m，并应设置警示标识，采取防止误开误关措施。

四、配电箱下口距楼、地面高度不应低于1.80m。

五、应安装应急照明灯。

六、应按信息化管理的需要敷设网络、通信、有线电视、安保监控等线路，预留接口。

第三十七条　园区附属设施应符合下列规定：

一、设置安全、美观、通透的围墙，周界宜设置入侵报警系统、电子巡查系统。

二、根据消防要求，在园内和建筑内配置相应的消防设备。

三、园区内严禁设置带有尖状突出物的围栏。

第六章　主要技术经济指标

第三十八条　幼儿园建设的投资估算应按国家有关规定编制。本章所列指标可用为评估或审批项目可行性研究报告的依据，并根据工程实际内容及价格变化的情况，按照动态管理的原则进行调整。

第三十九条　各类幼儿园投资估算指标可参照表6控制。

表6　幼儿园投资估算指标一览表

分类	投资估算指标（元／m²）
3班（90人）	3100～3000
6班（180人）	3300～3200
9班（270人）	3200～3100
12班（360人）	3100～3000

注：1. 投资估算不包括土地征用、外部配套、室内家具设施和专用保教设备等费用。

2. 表中投资估算指标参照现行的2012年《北京市建设工程计价依据——预算定额》及相应的取费费率标准计算。

3. 同一规模类型，规模大的取下限，规模小的取上限，中间规模按插入法计算。

4. 3班幼儿园按单层建筑测算。

第四十条　幼儿园建设工期可按表7控制。

表7　幼儿园建设工期（Ⅱ类地区）

分类	施工建设工期（日）
3班（90人）	130～135
6班（180人）	155～160
9班（270人）	160～165
12班（360人）	165～170

注：1. 参照《建筑安装工程工期定额》中办公、教学楼工程6层以下，全现浇结构类型，Ⅱ类地区计算。

2. 表中所列工期以破土动工统计，不包括非正常停工。

3. 同一规模类型，规模大的取上限，规模小的取下限，中间规模按插入法计算。

第四十一条　幼儿园应按国家现行的有关建设项目经济评价方法与参数的规定进行经济评价。

附录一　术　语

一、幼儿园　kindergarten　接纳3周岁以上幼儿，对其集中进行保育和教育的学前教育机构。

二、全日制幼儿园　full-time kindergarten　幼儿白天在园内生活的幼儿园。

三、寄宿制幼儿园　boarding kindergarten　幼儿昼夜均在园内生活的幼儿园。

四、班级活动单元　class activities unit　供幼儿分班进行室内游戏、活动、进餐、睡眠、清洁卫生的用房。

五、综合活动室　multi-functional room　供幼儿分班或集体开展音乐、舞蹈、体育活动和大型游戏、集会、亲子活动、科学育儿指导活动的用房。

六、隔离室　isolation chamber　对病儿进行临时隔离、观察、治疗的用房。

七、晨检接待厅　morning health checkup and reception hall　幼儿入园时进行健康检查及接待家长的用房。

八、自然生物园地　natural biological garden　供幼儿观察植物和小动物生长过程的园地。

附录二　附表

附表1　全日制幼儿园各项用房使用面积和建筑面积一览表（m²）

用房类别及用房名称	使用面积			
	3班	6班	9班	12班
幼儿活动用房	459~567	918~1134	1350~1674	1764~2196
1.班级活动单元	396~477	792~954	1188~1431	1584~1908
2.综合活动室	63~90	126~180	162~243	180~288
服务用房	44~67	178~223	227~289	248~324

中国传统文化视域下以儿童为中心的玩教具制作与环境创设探究

用房类别及用房名称	使用面积			
	3班	6班	9班	12班
1.办公室	9~32	108~153	135~197	144~220
2.保健观察室	9	18	22	22
3.晨检接待厅	18	36	48	57
4.洗涤消毒用房	8	16	22	25
附属用房	54~72	220~242	310~340	390~425
1.厨房	36~45	126~130	186~192	245~252
2.配电室	—	9	11	11
3.门卫收发室	—	18	24	29
4.储藏室	9~18	36~54	49~73	58~86
5.教职工卫生间	9	18	24	29
6.教师值班室	—	13	16	18
使用面积合计	557~706	1316~1599	1887~2303	2402~2945
建筑面积 K=0.6	—	2193~2665	3145~3838	4003~4908
合计 K=0.7	796~1009	1880~2284	—	—

注：1. 楼房使用面积系数按K＝0.6计算，平房使用面积系数按K＝0.7计算。

2. 各项用房使用面积按平均班额30人测算。

附表2 寄宿制幼儿园各项用房使用面积和建筑面积一览表（m²）

用房类别及用房名称	使用面积			
	3班	6班	9班	12班
幼儿活动用房	459~567	918~1134	1350~1674	1764~2196
1.班级活动单元	396—477	792~954	1188~1431	1584~1908
2.综合活动室	63~90	126~180	162~243	180~288
服务用房	49~72	189~234	243~305	270~346
1.办公室	9~32	108~153	135~197	144~220

用房类别及用房名称	使用面积			
	3班	6班	9班	12班
2.保健观察室	9	18	22	22
3.晨检接待厅	18	36	48	57
4.隔离室	5	11	16	22
5.洗涤消毒用房	8	16	22	25
附属用房	75~97	258~279	367~396	465~501
1.厨房	41~50	137~140	203~208	266~274
2.配电室	—	9	11	11
3.门卫收发室	—	18	24	29
4.储藏室	9~18	36~54	49~73	58~86
5.教职工卫生间	9	18	24	29
6.教师值班室	5~9	18	24	29
7.集中浴室	11	22	32	43
使用面积合计	583~736	1365~1647	1960~2375	2499~3043
建筑面积 K=0.6	—	2275~2745	3267~3958	4165~5072
合计 K=0.7	833~1051	1950~2353	—	—

注：1. 楼房使用面积系数按K=0.6计算，平房使用面积系数按K=0.7计算。

2. 各项用房使用面积按平均班额30人测算。

作者简介：

杨爽，安顺学院讲师，学前教育学硕士研究生，广州大学访问学者，儿童阅读指导师，家庭教育指导师。贵州省级一流课程"金课"、安顺学院校级课程思政示范课《幼儿园玩教具制作与环境创设》课程负责人。

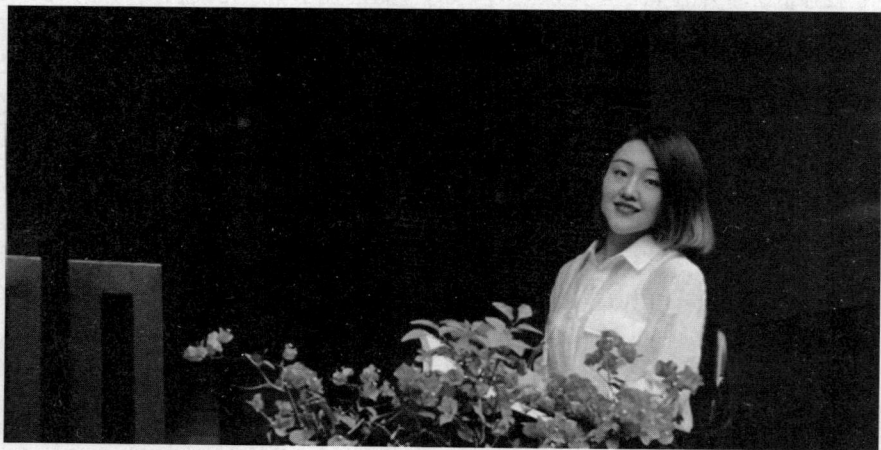